中华人民共和国安全生产法
（实用版）

中国法制出版社
CHINA LEGAL PUBLISHING HOUSE

图书在版编目（CIP）数据

中华人民共和国安全生产法：实用版／中国法制出版社编.—北京：中国法制出版社，2021.6（2022.9 重印）
ISBN 978-7-5216-1909-6

Ⅰ.①中… Ⅱ.①中… Ⅲ.①安全生产法 – 中国 Ⅳ.①D922.54

中国版本图书馆 CIP 数据核字（2021）第 096927 号

策划编辑：舒 丹　　　　责任编辑：卜范杰　　　　封面设计：杨泽江

中华人民共和国安全生产法（实用版）
ZHONGHUA RENMIN GONGHEGUO ANQUAN SHENGCHANFA（SHIYONGBAN）

经销／新华书店
印刷／三河市紫恒印装有限公司
开本／850 毫米×1168 毫米　32 开　　　　印张／6.75　字数／191 千
版次／2021 年 6 月第 1 版　　　　　　　　2022 年 9 月第 16 次印刷

中国法制出版社出版
书号 ISBN 978-7-5216-1909-6　　　　　　　定价：20.00 元

北京市西城区西便门西里甲 16 号西便门办公区
邮政编码：100053　　　　　　　　　　　　传真：010-63141600
网址：http://www.zgfzs.com　　　　　　　编辑部电话：010-63141673
市场营销部电话：010-63141612　　　　　　印务部电话：010-63141606

（如有印装质量问题，请与本社印务部联系。）

■实用版

编辑说明

运用法律维护权利和利益，是读者选购法律图书的主要目的。法律文本单行本提供最基本的法律依据，但单纯的法律文本中的有些概念、术语，读者不易理解；法律释义类图书有助于读者理解法律的本义，但又过于繁杂、冗长。"实用版"法律图书至今已行销多年，因其实用、易懂的优点，成为广大读者理解、掌握法律的首选工具。

"实用版系列"独具五重使用价值：

1. 专业出版。 中国法制出版社是中央级法律类图书专业出版社，是国家法律、行政法规文本的权威出版机构。

2. 法律文本规范。 法律条文利用了本社法律单行本的资源，与国家法律、行政法规正式版本完全一致，确保条文准确、权威。

3. 条文解读详致。 本书中的【理解与适用】从庞杂的相互关联的法律条文以及全国人大常委会法制工作委员会等对条文的权威解读中精选、提炼而来；【典型案例指引】来自最高人民法院指导案例、公报、各高级人民法院判决书等，点出适用要点，展示解决法律问题的实例。

4. 附录实用。 书末收录经提炼的法律流程图、诉讼文书、办案常用数据等内容，帮助提高处理法律纠纷的效率。

5. 附赠电子版。 与本分册主题相关、因篇幅所限而未收录的相关文件、"典型案例指引"所涉及的部分重要案例全文，均制作成电子版文件。扫一扫封底"法规编辑部"即可免费获取。

中国法制出版社
2021 年 6 月

《中华人民共和国安全生产法》理解与适用

安全生产事关人民群众生命财产安全，事关改革开放、经济发展和社会稳定的大局，其重要性毋庸置疑。《中华人民共和国安全生产法》由第九届全国人民代表大会常务委员会第二十八次会议于2002年6月29日通过，自2002年11月1日起施行。2009年8月27日第十一届全国人民代表大会常务委员会第十次会议通过的《关于修改部分法律的决定》对该法进行了第一次修正。2014年8月31日第十二届全国人民代表大会常务委员会第十次会议通过的《关于修改〈中华人民共和国安全生产法〉的决定》对该法进行了第二次修正。2021年6月10日第十三届全国人民代表大会常务委员会第二十九次会议通过的《关于修改〈中华人民共和国安全生产法〉的决定》对该法进行了第三次修正。现行《安全生产法》共七章，119条。

2021年安全生产法修改，主要包括以下内容：

（一）完善工作原则要求

一是明确规定安全生产工作坚持中国共产党的领导，在法律上贯彻落实坚持党的全面领导的要求，加强党对安全生产工作的领导作用。二是进一步强调以人为本，坚持人民至上、生命至上，把保护人民生命安全摆在首位，树牢安全发展理念，坚持安全第一、预防为主、综合治理的方针，从源头上防范化解重大安全风险。三是增加规定实行管行业必须管安全、管业务必须管安全、管生产经营必须管安全，厘清安全生产综合监管与行业监管的关系，明确应急管理部门、负有安全生产监督管理职责的有关部门、其他行业主管部门、党委和政府其他有关部门的责任。

(二) 强化企业主体责任

一是进一步落实安全生产责任制。要求生产经营单位应当建立健全全员安全生产责任制和安全生产规章制度，加大对安全生产资金、物资、技术、人员的投入保障力度，改善安全生产条件，加强安全生产标准化、信息化建设，构建安全风险分级管控和隐患排查治理双重预防体系，健全风险防范化解机制。二是强化有关负责人的法律责任。明确生产经营单位的主要负责人是本单位安全生产第一责任人，对本单位的安全生产工作全面负责，其他负责人对职责范围内的安全生产工作负责；完善生产经营单位的主要负责人、安全生产管理机构以及安全生产管理人员的安全生产职责范围。三是强化安全生产预防措施。规定生产经营单位应当建立安全风险分级管控制度，按照安全风险分级采取相应的管控措施。四是加大对从业人员关怀。生产经营单位应当关注从业人员的身体、心理状况和行为习惯，加强对从业人员的心理疏导、精神慰藉，严格落实岗位安全生产责任，防范从业人员行为异常导致事故发生。五是完善安全生产责任保险制度。明确规定属于国家规定的高危行业、领域的生产经营单位应当投保安全生产责任保险。六是明确新业态生产经营单位的安全生产责任。要求平台经济等新兴行业、领域的生产经营单位应当根据本行业、领域的特点，建立健全并落实全员安全生产责任制，加强从业人员安全生产教育和培训，履行有关安全生产义务。此外，针对餐饮等行业生产经营单位使用燃气存在的安全隐患，以及矿山、金属冶炼、危险物品有关建设项目施工单位非法转让施工资质、违法分包转包等突出问题，作出专门规定。

(三) 加强监督管理力度

一是完善政府监督管理职责。规定各级人民政府应当加强安全生产基础设施和监管能力建设，所需经费列入本级预算。国务院交通运输、住房和城乡建设、水利、民航等有关部门在各自的职责范围内，对有关行业、领域的安全生产工作实施监督管理；县级以上地方各级人民政府应当组织有关部门建立完善安全风险评估与论证机制，对相关生产经营单位实施重大安全风险联防联控。乡镇人民政府和街道办事处，以及开发区、工业园区、港区、风景区等，应当明确负责安全生产监督管理的有关工作机构及其职责，加强安全生产监管力量建设，依法履行生产安全事故应急救援工作职责。县级以上各级人民政府应当组织负有安全生产监督管理职责的部门依法编制安全生产权力和责任清单，公开并接受社会监督。二是加强监督管理信息化建设。规定国务院应急管理部门牵头建立全国统一的生产安全事故应急救援信息系统，国务院交通运输、住房和城乡建设、水利、民航等有关部门和县级以上地方人民政府建立健全相关行业、领域、地区的生产安全事故应急救援信息系统，实现互联互通、信息共享，通过推行网上安全信息采集、安全监管和监测预警，提升监管的精准化、智能化水平。有关地方人民政府应急管理部门和有关部门应当通过相关信息系统实现信息共享。三是完善事故调查后的评估制度。要求负责事故调查处理的国务院有关部门和地方人民政府应当在批复事故调查报告后一年内，组织有关部门对事故整改和防范措施落实情况进行评估，并及时向社会公开评估结果；对不履行职责导致事故整改和防范措施没有落实的有关单位和人员，按照有关规定追究责任。四是增加安全生产公益诉讼制度。规定因安全生产违法行为造成重大事故隐患或者导致重大事故，致使国家利益或者社会公共利益受到侵害的，人民检察院可以根据《民事诉讼法》、《行政诉讼法》的相关规定提起公益诉讼。

（四）加大对违法行为的处罚力度

一是提高罚款额度。在已有罚款规定的基础上，提高了对各类违法行为的罚款数额。二是新设按日连续处罚制度。生产经营单位违反《安全生产法》有关规定，被责令改正且受到罚款处罚，拒不改正的，负有安全生产监督管理职责的部门可以自作出责令改正之日的次日起，按照原处罚数额按日连续处罚。三是加大对严重违法生产经营单位的关闭力度，依法吊销有关证照，对有关负责人实施职业禁入。生产经营单位存在严重违法情形的，负有安全生产监督管理职责的部门应当提请地方人民政府予以关闭，有关部门应当依法吊销其有关证照，生产经营单位主要负责人五年内不得担任任何生产经营单位的主要负责人；情节严重的，终身不得担任本行业生产经营单位的主要负责人。对承担安全评价、认证、检测、检验职责的机构租借资质、挂靠、出具虚假报告的机构及其直接责任人员，吊销其相应资质和资格，五年内不得从事安全评价、认证、检测、检验等工作；情节严重的，实行终身行业和职业禁入。**四**是加大对违法失信行为的联合惩戒力度。规定有关部门和机构应当对存在失信行为的生产经营单位及其有关从业人员采取加大执法检查频次、暂停项目审批、上调有关保险费率、行业或者职业禁入等联合惩戒措施，并向社会公示。**五**是加大社会监督力度。负有安全生产监督管理职责的部门应当加强对生产经营单位行政处罚信息的及时归集、共享、应用和公开，对生产经营单位作出处罚决定后七个工作日内在监督管理部门公示系统予以公开曝光，强化对违法失信生产经营单位及其有关从业人员的社会监督，提高全社会安全生产诚信水平。

《安全生产法》适用广泛。在中华人民共和国领域内从事生产经营的单位都要遵守《安全生产法》及其相关规定，相关单位的从业人员也要依据其生产作业并保护自己的合法权益。安全生产法也是一个广义的概念。《矿山安全法》、《建筑法》、《煤炭法》、《职业病防治法》、《劳动法》、《劳动合同法》、《工会法》、《刑法》等有关生产安全及劳动保护的规定，也是安全生产法律规定的一部分。

此外，我国还就安全生产条件的保障、安全生产监督管理、安全事故救援与调查处理、安全生产法律责任等方面出台了一系列的法律、法规、规范性文件，例如《国家安全生产事故灾难应急预案》、《生产安全事故应急预案管理办法》等，对于保障安全生产条件、及时消除安全隐患、处理安全事故，都起到了重要的作用。

目　录

中华人民共和国安全生产法

第一章　总　则

1	第一条　【立法目的】
	[立法目的]
	[安全生产]
	[生产安全事故]
2	第二条　【适用范围】
	[主体范围]
	[调整事项]
	[本法与某些对安全事项有特殊性规定的法律之间的关系]
3	第三条　【工作方针】
4	第四条　【生产经营单位基本义务】
	[全员安全生产责任制]
	[平台经济等新兴行业、领域建立健全并落实全员安全生产责任制]
5	第五条　【单位主要负责人主体责任】
	[主要负责人的安全生产责任及责任范围]
	[其他负责人对职责范围内的安全生产工作负责]
6	第六条　【从业人员安全生产权利义务】
	[从业人员享有的安全生产保障权利]
	[从业人员保证安全生产的义务]
7	第七条　【工会职责】
	[工会职责]

1

8	第八条	【各级人民政府安全生产职责】
		[安全生产规划与国土空间规划等相关规划相衔接]
		[安全风险评估与论证机制]
10	第九条	【安全生产监督管理职责】
10	第十条	【安全生产监督管理体制】
11	第十一条	【安全生产有关标准】
		[国家标准、行业标准]
12	第十二条	【安全生产强制性国家标准的制定】
13	第十三条	【安全生产宣传教育】
13	第十四条	【协会组织职责】
		[中国安全生产协会]
14	第十五条	【安全生产技术、管理服务中介机构】
15	第十六条	【事故责任追究制度】
15	第十七条	【安全生产权力和责任清单】
15	第十八条	【安全生产科学技术研究】
16	第十九条	【奖励】
		[奖励的情形]

第二章 生产经营单位的安全生产保障

16	第二十条	【安全生产条件】
		[安全生产条件]
17	第二十一条	【单位主要负责人安全生产职责】
		[安全生产教育和培训计划]
19	第二十二条	【全员安全生产责任制】
19	第二十三条	【保证安全生产资金投入】
20	第二十四条	【安全生产管理机构及人员】
		[安全生产管理机构] [专职安全生产管理人员]
21	第二十五条	【安全生产管理机构及人员的职责】
22	第二十六条	【履职要求与履职保障】
23	第二十七条	【安全生产知识与管理能力】

		[注册安全工程师]
24	第二十八条	【安全生产教育和培训】
		[安全生产教育和培训]
		[统一管理被派遣劳动者与本单位从业人员]
		[生产经营单位对中等职业学校、高等学校学生的安全生产教育和培训]
		[安全生产教育和培训档案]
26	第二十九条	【技术更新的教育和培训】
		[技术更新后针对性的安全培训]
26	第 三 十 条	【特种作业人员从业资格】
		[特种作业]
27	第三十一条	【建设项目安全设施"三同时"】
		[新建、扩建、改建]
		["三同时"原则的要求]
28	第三十二条	【特殊建设项目安全评价】
29	第三十三条	【特殊建设项目安全设计审查】
		[建设项目安全设施的设计人、设计单位的责任]
		[矿山、金属冶炼建设项目和用于生产、储存、装卸危险物品的建设项目的安全设施设计的审查]
30	第三十四条	【特殊建设项目安全设施验收】
		[矿山、金属冶炼建设项目和用于生产、储存、装卸危险物品的建设项目的施工]
		[矿山、金属冶炼建设项目和用于生产、储存、装卸危险物品的建设项目的验收]
31	第三十五条	【安全警示标志】
		[危险因素]
		[安全警示标志]
32	第三十六条	【安全设备管理】
		[安全设备]

		[关闭、破坏直接关系生产安全的监控、报警、防护、救生设备、设施，或者篡改、隐瞒、销毁其相关数据、信息的行为]
		[安装报警装置的安全保障措施]
33	第三十七条	【特殊特种设备的管理】
		[必须检测、检验合格的设备]
		[对检测、检验机构的要求]
34	第三十八条	【淘汰制度】
		[危及生产安全的工艺、设备]
35	第三十九条	【危险物品的监管】
		[危险物品主管部门的审批和监督管理]
		[危险物品的生产、经营、储存、使用、运输以及处置废弃危险物品]
37	第四十条	【重大危险源的管理和备案】
		[重大危险源]
		[危险化学品企业重大危险源主要负责人的安全包保责任]
		[重大危险源档案]
38	第四十一条	【安全风险管控制度和事故隐患治理制度】
		[生产安全事故隐患]
		[安全风险分级管控制度和重大事故隐患排查治理情况双报告制度]
39	第四十二条	【生产经营场所和员工宿舍安全要求】
40	第四十三条	【危险作业的现场安全管理】
41	第四十四条	【从业人员的安全管理】
		[安全生产规章制度和安全操作规程]
		[关注从业人员身体、心理状况和行为习惯]
41	第四十五条	【劳动防护用品】
42	第四十六条	【安全检查和报告义务】
42	第四十七条	【安全生产经费保障】

43	第四十八条	【安全生产协作】
43	第四十九条	【生产经营项目、施工项目的安全管理】
44	第 五 十 条	【单位主要负责人组织事故抢救职责】
44	第五十一条	【工伤保险和安全生产责任保险】
		[工伤保险]
		[安全生产责任保险]

第三章 从业人员的安全生产权利义务

46	第五十二条	【劳动合同的安全条款】
47	第五十三条	【知情权和建议权】
		[知情权]
		[建议权]
48	第五十四条	【批评、检举、控告、拒绝权】
		[从业人员对安全生产工作的监督权]
48	第五十五条	【紧急处置权】
		[从业人员紧急情况下的处置权及保护措施]
49	第五十六条	【事故后的人员救治和赔偿】
50	第五十七条	【落实岗位安全责任和服从安全管理】
50	第五十八条	【接受安全生产教育和培训义务】
50	第五十九条	【事故隐患和不安全因素的报告义务】
		[从业人员的报告义务]
51	第 六 十 条	【工会监督】
51	第六十一条	【被派遣劳动者的权利义务】
		[用工单位的义务]

第四章 安全生产的监督管理

52	第六十二条	【安全生产监督检查】
52	第六十三条	【安全生产事项的审批、验收】
53	第六十四条	【审批、验收的禁止性规定】

53	第六十五条	【监督检查的职权范围】
		[监督检查权]
55	第六十六条	【生产经营单位的配合义务】
		[生产经营单位拒绝、阻挠依法实施监督检查时应承担的法律责任]
56	第六十七条	【监督检查的要求】
56	第六十八条	【监督检查的记录与报告】
57	第六十九条	【监督检查的配合】
57	第 七 十 条	【强制停止生产经营活动】
		[负有安全生产监督管理职责的部门在具体实施强制措施时的注意事项]
60	第七十一条	【安全生产监察】
60	第七十二条	【中介机构的条件和责任】
		[承担安全评价、认证、检测、检验职责的机构]
61	第七十三条	【安全生产举报制度】
		[举报制度]
61	第七十四条	【违法举报和公益诉讼】
		[生产经营单位从业人员安全生产举报]
		[公益诉讼]
63	第七十五条	【居委会、村委会的监督】
63	第七十六条	【举报奖励】
		[重大事故隐患和安全生产违法行为的举报奖励]
64	第七十七条	【舆论监督】
64	第七十八条	【安全生产违法行为信息库】
		[联合惩戒对象]
		[向社会公示]

第五章　生产安全事故的应急救援与调查处理

66	第七十九条	【事故应急救援队伍与信息系统】
67	第 八 十 条	【事故应急救援预案与体系】

		[应急预案的管理]
67	第八十一条	【事故应急救援预案的制定与演练】
		[生产经营单位生产安全事故应急救援预案]
68	第八十二条	【高危行业的应急救援要求】
69	第八十三条	【单位报告和组织抢救义务】
		[生产安全事故的等级]
		[生产安全事故的报告]
70	第八十四条	【安全监管部门的事故报告】
		[负有安全生产监督管理职责的部门上报事故情况]
71	第八十五条	【事故抢救】
72	第八十六条	【事故调查处理】
		[生产安全事故调查]
73	第八十七条	【责任追究】
73	第八十八条	【事故调查处理不得干涉】
73	第八十九条	【事故定期统计分析和定期公布制度】

第六章 法律责任

73	第九十条	【监管部门工作人员违法责任】
74	第九十一条	【监管部门违法责任】
75	第九十二条	【中介机构违法责任】
76	第九十三条	【资金投入违法责任】
76	第九十四条	【单位主要负责人违法责任】
78	第九十五条	【对单位主要负责人罚款】
78	第九十六条	【单位安全生产管理人员违法责任】
80	第九十七条	【生产经营单位安全管理违法责任（一）】
81	第九十八条	【建设项目违法责任】
81	第九十九条	【生产经营单位安全管理违法责任（二）】
83	第一百条	【违法经营危险物品】
83	第一百零一条	【生产经营单位安全管理违法责任（三）】
84	第一百零二条	【未采取措施消除事故隐患违法责任】

84	第一百零三条	【违法发包、出租和违反项目安全管理的法律责任】
86	第一百零四条	【同一作业区域安全管理违法责任】
86	第一百零五条	【生产经营场所和员工宿舍违法责任】
86	第一百零六条	【免责协议违法责任】
87	第一百零七条	【从业人员违章操作的法律责任】
87	第一百零八条	【生产经营单位不服从监督检查违法责任】
87	第一百零九条	【未投保安全生产责任保险的违法责任】
87	第一百一十条	【单位主要负责人事故处理违法责任】
88	第一百一十一条	【政府部门未按规定报告事故违法责任】
88	第一百一十二条	【按日连续处罚】
89	第一百一十三条	【生产经营单位安全管理违法责任（四）】
89	第一百一十四条	【对事故责任单位罚款】
90	第一百一十五条	【行政处罚决定机关】
90	第一百一十六条	【生产经营单位赔偿责任】

第七章 附　则

91	第一百一十七条	【用语解释】
91	第一百一十八条	【事故、隐患分类判定标准的制定】
92	第一百一十九条	【生效日期】

实用核心法规

93	中华人民共和国刑法（节录） （2020年12月26日）
95	中华人民共和国职业病防治法（节录） （2018年12月29日）
97	中共中央、国务院关于推进安全生产领域改革发展的意见 （2016年12月9日）

| 105 | 生产安全事故报告和调查处理条例
（2007年4月9日）
| 112 | 安全生产许可证条例
（2014年7月29日）
| 115 | 生产安全事故应急条例
（2019年2月17日）
| 121 | 国务院关于特大安全事故行政责任追究的规定
（2001年4月21日）
| 125 | 生产安全事故应急预案管理办法
（2019年7月11日）
| 132 | 最高人民法院、最高人民检察院关于办理危害生产安全刑事案件适用法律若干问题的解释
（2015年12月14日）

实用附录：

| 137 | 1. 工伤赔偿计算标准
| 141 | 2. 职业病分类和目录
| 146 | 3. 《中华人民共和国安全生产法》修改条文前后对照表

电子版增补法规（请扫封底"法规编辑部"二维码获取）

中华人民共和国突发事件应对法
（2007年8月30日）
中华人民共和国矿山安全法
（2009年8月27日）
中华人民共和国煤炭法
（2016年11月7日）
中华人民共和国建筑法
（2019年4月23日）

中华人民共和国道路交通安全法
　　（2021年4月29日）
中华人民共和国消防法
　　（2021年4月29日）
中华人民共和国劳动法
　　（2018年12月29日）
工伤保险条例
　　（2010年12月20日）

典型案例指引（请扫封底"法规编辑部"二维码获取）

最高人民检察院、应急管理部联合发布9件安全生产领域公益诉讼典型案例

最高人民法院发布危害生产安全犯罪典型案例

最高人民法院发布3起危害生产安全犯罪典型案例

中华人民共和国安全生产法

（2002年6月29日第九届全国人民代表大会常务委员会第二十八次会议通过　根据2009年8月27日第十一届全国人民代表大会常务委员会第十次会议《关于修改部分法律的决定》第一次修正　根据2014年8月31日第十二届全国人民代表大会常务委员会第十次会议《关于修改〈中华人民共和国安全生产法〉的决定》第二次修正　根据2021年6月10日第十三届全国人民代表大会常务委员会第二十九次会议《关于修改〈中华人民共和国安全生产法〉的决定》第三次修正）

目　录

第一章　总　则
第二章　生产经营单位的安全生产保障
第三章　从业人员的安全生产权利义务
第四章　安全生产的监督管理
第五章　生产安全事故的应急救援与调查处理
第六章　法律责任
第七章　附　则

第一章　总　则

第一条　立法目的＊

为了加强安全生产工作，防止和减少生产安全事故，保障人民群众生命和财产安全，促进经济社会持续健康发展，制定本法。

＊ 条文主旨为编者所加，下同。

▶理解与适用

[立法目的]

本法的立法目的,主要包括四个方面,即加强安全生产工作、防止和减少生产安全事故、保障人民群众生命和财产安全、促进经济社会持续健康发展。这四个方面共同构成了安全生产法律制度的价值目标,也是制定其他与生产安全有关的法律和相关配套法规、政策的基本遵循。

[安全生产]

安全生产,是指在生产经营活动中,为避免发生造成人员伤害和财产损失的事故,有效消除或控制危险和有害因素而采取一系列措施,使生产过程在符合规定的条件下进行,以保证从业人员的人身安全与健康,设备和设施免受损坏,环境免遭破坏,保证生产经营活动得以顺利进行的相关活动。

[生产安全事故]

生产安全事故,是指生产经营单位在生产经营活动(包括与生产经营有关的活动)中突然发生的,伤害人身安全和健康、损坏设备设施或者造成直接经济损失,导致生产经营活动(包括与生产经营活动有关的活动)暂时中止或永远终止的意外事件。

第二条 适用范围

在中华人民共和国领域内从事生产经营活动的单位(以下统称生产经营单位)的安全生产,适用本法;有关法律、行政法规对消防安全和道路交通安全、铁路交通安全、水上交通安全、民用航空安全以及核与辐射安全、特种设备安全另有规定的,适用其规定。

▶理解与适用

[主体范围]

本法适用的主体范围,是在中华人民共和国领域内从事生产经营活动的单位。是指一切合法或者非法从事生产经营活动的企业、事业单位和个体经济组织以及其他组织。包括国有企业事业单位、集体所有制的企业事业单位、股份制企业、外商投资企业、合伙企业、个人独资企业等，不论其性质如何、规模大小，只要是从事生产经营活动，都应遵守本法的各项规定。

［调整事项］

调整的事项，是生产经营活动中的安全问题。因此，其适用的范围只限定在生产经营领域。不属于生产经营活动中的安全问题，如公共场所集会活动中的安全问题等，就不属于本法的调整范围。这里讲的"生产经营活动"，既包括资源的开采活动，各种产品的加工、制作活动，也包括各类工程建设和商业、娱乐业以及其他服务业的经营活动。

［本法与某些对安全事项有特殊性规定的法律之间的关系］

本法作为安全生产领域的基础性、综合性法律，适用于我国范围内所有从事生产经营的单位的安全生产。

考虑到有一部分从事生产经营活动的单位或者某些安全事项具有特殊性，需要进行单独立法，目前，这些领域的立法包括《消防法》、《道路交通安全法》、《铁路法》、《海上交通安全法》、《民用航空法》、《核安全法》、《放射性污染防治法》、《特种设备安全法》，以及相关的行政法规。按照特别法优于一般法的法律适用规则，这些法律、行政法规对特定行业、领域的安全生产另有规定的，适用其规定。这些除外规定并不是完全排除《安全生产法》的适用，《安全生产法》的通用、一般的制度规则，对这些特殊行业、领域仍然是适用的。

第三条　工作方针

安全生产工作坚持中国共产党的领导。

安全生产工作应当以人为本，坚持人民至上、生命至上，把保护人民生命安全摆在首位，树牢安全发展理念，坚持安全第一、预防为主、综合治理的方针，从源头上防范化解重大安全风险。

安全生产工作实行管行业必须管安全、管业务必须管安全、管生产经营必须管安全，强化和落实生产经营单位主体责任与政府监管责任，建立生产经营单位负责、职工参与、政府监管、行业自律和社会监督的机制。

▶理解与适用

安全生产工作坚持党的领导,是安全生产工作的基本原则,这一修改是贯彻落实党的十九届五中全会精神的重要体现。坚持人民至上、生命至上,把保护人民生命安全摆在首位,"三管三必须"原则,是习近平总书记有关安全生产的重要论述,是党的十八大以来安全生产领域改革发展的重要成果,是引领安全生产制度建设的工作开展的指导思想。

▶典型案例指引

余某某等人重大劳动安全事故重大责任事故案(检例第94号)

案件适用要点:办理危害生产安全刑事案件,要根据案发原因及涉案人员的职责和行为,准确适用重大责任事故罪和重大劳动安全事故罪。要全面审查案件事实证据,依法追诉漏罪漏犯,准确认定责任主体和相关人员责任,并及时移交职务违法犯罪线索。针对事故中暴露出的相关单位安全管理漏洞和监管问题,要及时制发检察建议,督促落实整改。

第四条 生产经营单位基本义务

生产经营单位必须遵守本法和其他有关安全生产的法律、法规,加强安全生产管理,建立健全全员安全生产责任制和安全生产规章制度,加大对安全生产资金、物资、技术、人员的投入保障力度,改善安全生产条件,加强安全生产标准化、信息化建设,构建安全风险分级管控和隐患排查治理双重预防机制,健全风险防范化解机制,提高安全生产水平,确保安全生产。

平台经济等新兴行业、领域的生产经营单位应当根据本行业、领域的特点,建立健全并落实全员安全生产责任制,加强从业人员安全生产教育和培训,履行本法和其他法律、法规规定的有关安全生产义务。

▶理解与适用

[全员安全生产责任制]

全员安全生产责任制,是根据我国的安全生产方针,即"以人为本，坚持人民至上、生命至上，把保护人民生命安全摆在首位，树牢安全发展理念，坚持安全第一、预防为主、综合治理的方针"和安全生产法规建立的各级领导、职能部门、工程技术人员、岗位操作人员在劳动生产过程中对安全生产层层负责的制度。

企业实行全员安全生产责任制度，法定代表人和实际控制人同为安全生产第一责任人，主要技术负责人负有安全生产技术决策和指挥权，强化部门安全生产职责，落实一岗双责。完善落实混合所有制企业以及跨地区、多层级和境外中资企业投资主体的安全生产责任。建立企业全过程安全生产和职业健康管理制度，做到安全责任、管理、投入、培训和应急救援"五到位"。国有企业要发挥安全生产工作示范带头作用，自觉接受属地监管。构建风险分级管控和隐患排查治理双重预防工作机制，严防风险演变、隐患升级导致生产安全事故发生。

[平台经济等新兴行业、领域建立健全并落实全员安全生产责任制]

近年来，平台经济等新兴行业、领域快速发展，一些电商外卖平台、快递配送等经营主体因为考核评价制度不科学，从业人员盲目追求经济利益，造成交通等事故频发，引起社会广泛关注。增加建立健全并落实全员安全生产责任制、明确履行安全生产义务，保障从业人员人身安全和身心健康的规定，有利于督促引导平台经济经营主体更加重视安全。

▶条文参见

《劳动法》第52条；《矿山安全法》第3条；《建筑法》第3条；《煤炭法》第7、8条；《危险化学品安全管理条例》第4条；《中共中央、国务院关于推进安全生产领域改革发展的意见》

第五条　单位主要负责人主体责任

生产经营单位的主要负责人是本单位安全生产第一责任人，对本单位的安全生产工作全面负责。其他负责人对职责范围内的安全生产工作负责。

▶理解与适用

[主要负责人的安全生产责任及责任范围]

根据《中共中央、国务院关于推进安全生产领域改革发展的意见》要求，企业实行全员安全生产责任制度，法定代表人和实际控制人同为安全生产第一责任人。修改后的本法强化主要负责人的安全生产责任。

[其他负责人对职责范围内的安全生产工作负责]

是落实习近平总书记关于"管生产经营必须管安全"，以及《中共中央、国务院关于推进安全生产领域改革发展的意见》中"主要技术负责人负有安全生产技术决策和指挥权，强化部门安全生产职责，落实一岗双责"要求。

▶条文参见

《建筑法》第44条；《煤炭法》第32条；《矿山安全法》第20条；《中共中央、国务院关于推进安全生产领域改革发展的意见》

第六条 从业人员安全生产权利义务

生产经营单位的从业人员有依法获得安全生产保障的权利，并应当依法履行安全生产方面的义务。

▶理解与适用

[从业人员享有的安全生产保障权利]

从业人员享有的安全生产保障权利主要包括：(1) 有关安全生产的知情权。包括获得安全生产教育和技能培训的权利，被如实告知作业场所和工作岗位存在的危险因素、防范措施及事故应急措施的权利。(2) 有获得符合国家标准的劳动防护用品的权利。(3) 有对安全生产问题提出批评、建议的权利。从业人员有权对本单位安全生产管理工作存在问题提出建议、批评、检举、控告，生产单位不得因此作出对从业人员不利的处分。(4) 有对违章指挥的拒绝权。从业人员对管理者作出的可能危及安全的违章指挥，有权拒绝执行，并不得因此受到对自己不利的处分。(5) 有采取紧急避险措施的权利。从业人员发现直接危及人身安全的紧急情况时，有权停止作业或者在采取紧急措施后撤离作业场所，并不得因此作出对自己不利的处分。(6) 在发生生产安全事故后，有获得及时抢救和医疗救治并获得工伤保险赔付的权利等。

[从业人员保证安全生产的义务]

从业人员在享有获得安全生产保障权利的同时，也负有以自己的行为保证安全生产的义务。主要包括：（1）在作业过程中必须遵守本单位的安全生产规章制度和操作规程，服从管理，不得违章作业。（2）接受安全生产教育和培训，掌握本职工作所需要的安全生产知识。（3）发现事故隐患应当及时向本单位安全生产管理人员或主要负责人报告。（4）正确佩戴和使用劳动防护用品。只有每个从业人员都认真履行自己在安全生产方面的法定义务，生产经营单位的安全生产工作才能有保证。

▶条文参见

《矿山安全法》第22、26、27条；《建筑法》第47条；《煤炭法》第36、37条；《危险化学品安全管理条例》第4条

▶典型案例指引

何文良诉成都市武侯区劳动局工伤认定行政行为案（《中华人民共和国最高人民法院公报》2004年第9期）

案件适用要点：劳动者享有获得劳动安全卫生保护的权利，是劳动法规定的基本原则，任何用工单位或个人都应当为劳动者提供必要的劳动卫生条件，维护劳动者的基本权利。劳动者在日常工作中使用卫生设施是其必要的、合理的生理需求，与劳动者的正常工作密不可分，应当受到法律的保护。

第七条　工会职责

工会依法对安全生产工作进行监督。

生产经营单位的工会依法组织职工参加本单位安全生产工作的民主管理和民主监督，维护职工在安全生产方面的合法权益。生产经营单位制定或者修改有关安全生产的规章制度，应当听取工会的意见。

▶理解与适用

[工会职责]

根据《工会法》的规定，工会依照法律规定通过职工代表大会或者其他形式，组织职工参与本单位的民主选举、民主协商、

民主决策、民主管理和民主监督。企业、事业单位、社会组织违反劳动法律、法规规定,有不提供劳动安全卫生条件的、随意延长劳动时间等侵犯职工劳动权益情形,工会应当代表职工与企业、事业单位、社会组织交涉,要求企业、事业单位、社会组织采取措施予以改正;企业、事业单位、社会组织应当予以研究处理,并向工会作出答复;企业、事业单位、社会组织拒不改正的,工会可以提请当地人民政府依法作出处理。

工会发现企业违章指挥、强令工人冒险作业,或者生产过程中发现明显重大事故隐患和职业危害,有权提出解决的建议,企业应当及时研究答复;发现危及职工生命安全的情况时,工会有权向企业建议组织职工撤离危险现场,企业必须及时作出处理决定。

职工因工伤亡事故和其他严重危害职工健康问题的调查处理,必须有工会参加。

国家机关在组织起草或者修改直接涉及职工切身利益的法律、法规、规章时,应当听取工会意见。县级以上各级人民政府及其有关部门研究制定劳动就业、工资、劳动安全卫生、社会保险等涉及职工切身利益的政策、措施时,应当吸收同级工会参加研究,听取工会意见。

企业、事业单位研究经营管理和发展的重大问题应当听取工会的意见;召开会议讨论有关工资、福利、劳动安全卫生、工作时间、休息休假、女职工保护和社会保险等涉及职工切身利益的问题,必须有工会代表参加。

▶条文参见

《工会法》第6、23-27、34、39条;《矿山安全法》第23-25、37条;《煤炭法》第37条;《最高人民法院关于在民事审判工作中适用〈中华人民共和国工会法〉若干问题的解释》

第八条 各级人民政府安全生产职责

国务院和县级以上地方各级人民政府应当根据国民经济和社会发展规划制定安全生产规划,并组织实施。安全生产规划应当与国土空间规划等相关规划相衔接。

各级人民政府应当加强安全生产基础设施建设和安全生产监管能力建设，所需经费列入本级预算。

县级以上地方各级人民政府应当组织有关部门建立完善安全风险评估与论证机制，按照安全风险管控要求，进行产业规划和空间布局，并对位置相邻、行业相近、业态相似的生产经营单位实施重大安全风险联防联控。

▶理解与适用

[安全生产规划与国土空间规划等相关规划相衔接]

安全生产规划，是各级人民政府制定的比较全面长远的安全生产发展计划，是对未来整体性、长期性、基本性问题的考量，设计未来整套行动的方案。具有综合性、系统性、时间性、强制性等特点。

按照《中共中央、国务院关于建立国土空间规划体系并监督实施的若干意见》的要求，建立国土空间规划体系并监督实施，将主体功能区规划、土地利用规划、城乡规划等空间规划融合为统一的国土空间规划，实现"多规合一"。

要求安全生产规划与国土空间规划等相关规划相衔接，主要是指安全生产规划中涉及国土空间规划等相关规划的内容应当与国土空间规划等相关规划相衔接，如安全生产规划中有关危险化学品的化工园区建设，涉及化工产业布局等，就应当与国土空间规划相衔接。这是针对实践中出现的新情况而提出的新要求。同时，也要求编制国土空间规划等相关规划时，应当考虑安全生产因素。

[安全风险评估与论证机制]

县级以上地方各级政府要建立完善安全风险评估与论证机制，科学合理确定企业选址和基础设施建设、居民生活区空间布局。要对位置相邻、行业相近、业态相似的生产经营单位实施重大安全风险联防联控。

▶条文参见

《矿山安全法》第4、33、34条；《煤炭法》第30条；《煤矿安全监察条例》第2、4、7、49条；《建设工程安全生产管理条例》第39、40、43、46条；《危险化学品安全管理条例》第8条

第九条 安全生产监督管理职责

国务院和县级以上地方各级人民政府应当加强对安全生产工作的领导，建立健全安全生产工作协调机制，支持、督促各有关部门依法履行安全生产监督管理职责，及时协调、解决安全生产监督管理中存在的重大问题。

乡镇人民政府和街道办事处，以及开发区、工业园区、港区、风景区等应当明确负责安全生产监督管理的有关工作机构及其职责，加强安全生产监管力量建设，按照职责对本行政区域或者管理区域内生产经营单位安全生产状况进行监督检查，协助人民政府有关部门或者按照授权依法履行安全生产监督管理职责。

▶ 理解与适用

国务院和县级以上地方各级人民政府主要承担安全生产工作的领导职责，发挥建立健全安全生产工作协调机制和支持、督促各有关部门依法履行安全生产监督管理职责，协调、解决重大问题的作用。

本法2021年修改贯彻落实改革发展要求，完善各类开发区、工业园区、港区、风景区等功能区安全生产监管体制，明确负责安全生产监督管理的机构。授权依法履行安全生产监管管理职责，是为了赋予乡镇街办及开发区等依照地方立法开展相应的监管职责。

第十条 安全生产监督管理体制

国务院应急管理部门依照本法，对全国安全生产工作实施综合监督管理；县级以上地方各级人民政府应急管理部门依照本法，对本行政区域内安全生产工作实施综合监督管理。

国务院交通运输、住房和城乡建设、水利、民航等有关部门依照本法和其他有关法律、行政法规的规定，在各自的职责范围内对有关行业、领域的安全生产工作实施监督管理；县级以上地方各级人民政府有关部门依照本法和其他有关法律、法规的规定，在各自的职责范围内对有关行业、领域的安全生产工作实施监督管理。对新兴行业、领域的安全生产监督管理职责不明确的,由县级以上地方各级人民政府按照业务相近的原则确定监督管理部门。

应急管理部门和对有关行业、领域的安全生产工作实施监督管理的部门,统称负有安全生产监督管理职责的部门。负有安全生产监督管理职责的部门应当相互配合、齐抓共管、信息共享、资源共用,依法加强安全生产监督管理工作。

▶理解与适用

按照"三管三必须"原则,应急管理部门履行综合监管职责,有关部门履行对本行业、领域的安全监管职责。明确负有安全生产监督管理职责的部门应当相互配合、齐抓共管、信息共享、资源共用,既有利于各部门各司其职,又有利于发挥监管合力。

通常情况下,每个行业、领域都应当归入相应的监管部门,但一些新出现的行业、领域可能因为各种原因暂时没有确定监管部门,为了避免监管真空,需要按照业务相近的原则确定一个对应的监管部门。各级政府针对这一情况,应当及时对有关部门的职责进行调整,将新兴行业、领域纳入法定监管范围。

第十一条 安全生产有关标准

国务院有关部门应当按照保障安全生产的要求,依法及时制定有关的国家标准或者行业标准,并根据科技进步和经济发展适时修订。

生产经营单位必须执行依法制定的保障安全生产的国家标准或者行业标准。

▶理解与适用

制定并适时修订安全生产的国家标准或者行业标准,是国务院有关部门履行安全生产工作职责的重要方面,在生产经营活动中应严格执行。这些标准包括生产作业场所的安全标准,生产作业、施工的工艺安全标准,安全设备、设施、器材和安全防护用品的产品安全标准等。

[国家标准、行业标准]

根据《标准化法》的规定，标准包括国家标准、行业标准、地方标准和团体标准、企业标准。国家标准分为强制性标准、推荐性标准，行业标准、地方标准是推荐性标准。强制性标准必须执行。国家鼓励采用推荐性标准。

对保障人身健康和生命财产安全、国家安全、生态环境安全以及满足经济社会管理基本需要的技术要求，应当制定强制性国家标准。对需要在全国范围内统一的保障人体健康和人身、财产安全的技术要求，应当制定国家标准（含标准样品的制作）。

对满足基础通用、与强制性国家标准配套、对各有关行业起引领作用等需要的技术要求，可以制定推荐性国家标准。

▶条文参见

《标准化法》第2条；《标准化法实施条例》第11条；《矿山安全法》第9条；《职业病防治法》第12、14、15、18条；《危险化学品安全管理条例》第4、17、24、26、28条；《22项安全生产行业标准目录》

第十二条 安全生产强制性国家标准的制定

国务院有关部门按照职责分工负责安全生产强制性国家标准的项目提出、组织起草、征求意见、技术审查。国务院应急管理部门统筹提出安全生产强制性国家标准的立项计划。国务院标准化行政主管部门负责安全生产强制性国家标准的立项、编号、对外通报和授权批准发布工作。国务院标准化行政主管部门、有关部门依据法定职责对安全生产强制性国家标准的实施进行监督检查。

▶理解与适用

本条为新增条文。《中共中央、国务院关于推进安全生产领域改革发展的意见》对安全生产强制性国家标准的制定程序改革提出明确要求，目前的工作体制分工已经国务院确定，此次修改在法律中予以明确。国务院应急管理部门统筹提出立项计划、标准化行政主管部门和有关部门进行监督检查有利于各项标准之间相互衔接和协调。

第十三条 安全生产宣传教育

各级人民政府及其有关部门应当采取多种形式，加强对有关安全生产的法律、法规和安全生产知识的宣传，增强全社会的安全生产意识。

▶理解与适用

本条的义务主体是各级人民政府及其有关部门，采取的形式多种多样，可以通过电视、报刊、广播和互联网等媒体。宣传的目的，是充分发挥社会监督、舆论监督和群众监督的作用，对政府及其有关部门在安全生产工作方面依法行政的情况、对生产经营单位贯彻执行安全生产法律、法规的情况进行监督，保证安全生产的法律、法规落到实处。

第十四条 协会组织职责

有关协会组织依照法律、行政法规和章程，为生产经营单位提供安全生产方面的信息、培训等服务，发挥自律作用，促进生产经营单位加强安全生产管理。

▶理解与适用

本条主要目的是明确行业协会、商会等有关协会组织在安全生产方面的作用。

协会组织是依法成立的社团法人，依据其成员共同制定的章程体现其组织职能，维护本行业企业的权益，规范市场行为，增强抵御市场风险的能力。协会组织主要应当通过发挥协调职能、服务职能、监管职能，立足"提供服务、反映诉求、规范行为"的职责定位，促进生产经营单位加强安全生产管理，在促进我国安全生产状况的根本好转方面发挥更大的作用。

[中国安全生产协会]

中国安全生产协会（英文名称为：CHINA ASSOCIATION OF

WORK SAFETY，英文缩写 CAWS）是面向全国安全生产领域，由各相关企业、事业单位、社会团体、科研机构、大专院校以及专家、学者自愿组成的，并依法经民政部批准登记成立的全国性、非营利性的社会团体法人。中国安全生产协会现有13个分支机构，包括6个工作委员会和6个专业委员会及1个分会，分别是：教育培训、安全评价、班组安全建设、信息化、中小学安全教育、中小企业工作委员会和危险化学品、劳动防护、冶金安全、安全生产检测检验、矿用产品、轨道交通建设安全专业委员会及航天分会。该协会贯彻"安全第一、预防为主、综合治理"的安全生产方针，总结、交流和推广安全生产先进管理经验，组织实施安全生产标准化工作，提高企业安全管理水平；开展安全生产宣传和教育、培训活动，增强全民安全意识，提高安全文化素质。

第十五条 安全生产技术、管理服务中介机构

依法设立的为安全生产提供技术、管理服务的机构，依照法律、行政法规和执业准则，接受生产经营单位的委托为其安全生产工作提供技术、管理服务。

生产经营单位委托前款规定的机构提供安全生产技术、管理服务的，保证安全生产的责任仍由本单位负责。

▶理解与适用

专业安全生产服务机构可以申请专业技术服务资质证书，并在许可的范围内开展活动。安全生产服务机构开展安全生产技术、管理服务，应当遵守公开、公正、诚信和自愿的原则，按照政府指导价或者行业自律价，与委托方签订委托协议，明确双方的权利和义务。

生产经营单位委托相关机构为其安全生产提供技术、管理服务，属于单位内部安全生产管理的一种方式，对生产经营单位的安全生产责任本身没有任何影响，其安全生产责任并不因为委托相关机构就减轻或者免除。

第十六条 事故责任追究制度

国家实行生产安全事故责任追究制度,依照本法和有关法律、法规的规定,追究生产安全事故责任单位和责任人员的法律责任。

▶理解与适用

本条确立了事故责任追究制度。考虑到责任单位和责任人员均应承担安全生产事故责任,因此,在责任人员的基础上,增加了责任单位。责任单位和责任人员主要承担的责任包括行政责任、民事责任和刑事责任,具体的责任形式在本法法律责任一章中有明确规定。

▶条文参见

《民法典》第 176 – 187 条;《刑法》第 30 – 31、131 – 137 条;《行政处罚法》第 9 – 16 条

第十七条 安全生产权力和责任清单

县级以上各级人民政府应当组织负有安全生产监督管理职责的部门依法编制安全生产权力和责任清单,公开并接受社会监督。

▶理解与适用

本条是此次修改新增加的内容,主要是贯彻落实《中共中央、国务院关于推进安全生产领域改革发展的意见》要求:依法依规制定各有关部门安全生产权力和责任清单。权力和责任清单的重要功能是明确各部门权力边界,防止权力滥用,压实责任环节。通过公开清单,方便社会了解和掌握政府部门责任,以便加强监督,促进安全监管水平持续提高。

第十八条 安全生产科学技术研究

国家鼓励和支持安全生产科学技术研究和安全生产先进技术的推广应用,提高安全生产水平。

▶理解与适用

针对各行业生产经营活动的特点,国家加强对安全高效的设备、工具、工艺方法和有效的安全防护用品的研究开发,加快安全生产关键技术装备的换代升级。

第十九条 奖励

国家对在改善安全生产条件、防止生产安全事故、参加抢险救护等方面取得显著成绩的单位和个人,给予奖励。

▶理解与适用

[奖励的情形]

奖励的情形主要包括三个情形:一是改善安全生产条件,比如发明安全高效的机器、设备、工具;二是防止生产安全事故,比如及时发现、消除了安全事故隐患;三是参加抢险救护,比如为抢救国家和人民的生命财产作出重要贡献。

第二章 生产经营单位的安全生产保障

第二十条 安全生产条件

生产经营单位应当具备本法和有关法律、行政法规和国家标准或者行业标准规定的安全生产条件;不具备安全生产条件的,不得从事生产经营活动。

▶理解与适用

安全生产条件在本法和相关法律中均有明确规定,比如本法规定的安全设施的"三同时"要求,设置安全生产管理机构和配备安全生产管理人员的要求等。此外,《建筑法》、《危险化学品安全管理条例》等其他法律法规以及相关的国家标准和行业标准,也对安全生产条件作出了相应的规定。对不具备安全生产条件从事生产经营活动的,由监管部门根据违法情况责令限期改正、责令停产停业、罚款或者责令关闭。

[安全生产条件]

根据《安全生产许可证条例》的规定,国家对矿山企业、建筑施工企业和危险化学品、烟花爆竹、民用爆炸物品生产企业(以下统称企业)实行安全生产许可制度。企业未取得安全生产许可证的,不得从事生产活动。企业取得安全生产许可证,应当具备下列安全生产条件:(1)建立、健全安全生产责任制,制定完备的安全生产规章制度和操作规程;(2)安全投入符合安全生产要求;(3)设置安全生产管理机构,配备专职安全生产管理人员;(4)主要负责人和安全生产管理人员经考核合格;(5)特种作业人员经有关业务主管部门考核合格,取得特种作业操作资格证书;(6)从业人员经安全生产教育和培训合格;(7)依法参加工伤保险,为从业人员缴纳保险费;(8)厂房、作业场所和安全设施、设备、工艺符合有关安全生产法律、法规、标准和规程的要求;(9)有职业危害防治措施,并为从业人员配备符合国家标准或者行业标准的劳动防护用品;(10)依法进行安全评价;(11)有重大危险源检测、评估、监控措施和应急预案;(12)有生产安全事故应急救援预案、应急救援组织或者应急救援人员,配备必要的应急救援器材、设备;(13)法律、法规规定的其他条件。

▶条文参见

《安全生产许可证条例》第2、6条;《危险化学品生产企业安全生产许可证实施办法》;《烟花爆竹生产企业安全生产许可证实施办法》;《煤矿企业安全生产许可证实施办法》

第二十一条 单位主要负责人安全生产职责

生产经营单位的主要负责人对本单位安全生产工作负有下列职责:

(一)建立健全并落实本单位全员安全生产责任制,加强安全生产标准化建设;

(二)组织制定并实施本单位安全生产规章制度和操作规程;

（三）组织制定并实施本单位安全生产教育和培训计划；

（四）保证本单位安全生产投入的有效实施；

（五）组织建立并落实安全风险分级管控和隐患排查治理双重预防工作机制，督促、检查本单位的安全生产工作，及时消除生产安全事故隐患；

（六）组织制定并实施本单位的生产安全事故应急救援预案；

（七）及时、如实报告生产安全事故。

▶理解与适用

生产经营单位的主要负责人是本单位安全生产的第一责任人，有责任、有义务在搞好单位生产经营活动的同时，搞好单位的安全生产工作。此次修改增加的内容，主要是考虑到标准化建设、双控机制等属于企业安全生产基础性保障性工作，明确为主要负责人的法定职责，有利于相关工作更好地落实。

[安全生产教育和培训计划]

生产经营单位的安全生产教育和培训计划是根据本单位安全生产状况、岗位特点、人员结构组成，有针对性地规定单位负责人、职能部门负责人、车间主任、班组长、安全生产管理人员、特种作业人员以及其他从业人员的安全生产教育和培训的统筹安排，包括经费保障、教育培训内容以及组织实施措施等内容。

▶条文参见

《矿山安全法》第26条；《煤炭法》第33-35条

▶典型案例指引

刘明诉铁道部第二十工程局二处第八工程公司、罗友敏工伤赔偿案（《中华人民共和国最高人民法院公报》1999年第5期）

案件适用要点：工程承包人和雇主，依法对民工的劳动保护承担责任。采用人工安装桥梁行车道板本身具有较高的危险性，对此工程承包人和雇主应采取相应的安全措施，并临场加以监督指导，而被告仅在作业前口头强调，疏于注意，以致发生安全事故。尽管原告在施工中也有违反安全规则操作的过失，但原告并非铁道建设专业人员，且违章情节较轻，故不能免除被告应负的民事责任。

第二十二条　全员安全生产责任制

生产经营单位的全员安全生产责任制应当明确各岗位的责任人员、责任范围和考核标准等内容。

生产经营单位应当建立相应的机制，加强对全员安全生产责任制落实情况的监督考核，保证全员安全生产责任制的落实。

▶理解与适用

全员安全生产责任制应当做到定岗位、定人员、定安全责任，根据岗位的实际工作情况，确定相应的人员，明确岗位职责和相应的安全生产职责，并明确相应的考核标准。生产经营单位应当根据本单位实际，建立由本单位主要负责人牵头、相关负责人、安全生产管理机构负责人以及人事、财务等相关职能部门人员组成的安全生产责任制监督考核领导机构，协调处理全员安全生产责任制执行中的问题。

第二十三条　保证安全生产资金投入

生产经营单位应当具备的安全生产条件所必需的资金投入，由生产经营单位的决策机构、主要负责人或者个人经营的投资人予以保证，并对由于安全生产所必需的资金投入不足导致的后果承担责任。

有关生产经营单位应当按照规定提取和使用安全生产费用，专门用于改善安全生产条件。安全生产费用在成本中据实列支。安全生产费用提取、使用和监督管理的具体办法由国务院财政部门会同国务院应急管理部门征求国务院有关部门意见后制定。

▶理解与适用

生产经营单位要达到保证安全生产的条件，就需要一定的资金保证，用于安全设施的建设、安全设备的购置、为从业人员配备劳动防护用品、对安全设备进行检测、维护、保养等。保障资金投入需要强化有关人员的保证责任。按照现行规定，直接从事煤炭生产、非煤矿山开采、建设工程施工、危险品生产与储存、交通运输、烟花爆竹生产、冶金、机械制造、武器装备研制生产与试验（含民用航空及核燃料）的企业，以及其他经济组织必须按照规定的标准提取安全生产费用，并专项用于规定的范围。

▶条文参见

《矿山安全法》第32条；《建设工程安全生产管理条例》第22条；《煤矿安全监察条例》第27条

第二十四条　安全生产管理机构及人员

矿山、金属冶炼、建筑施工、运输单位和危险物品的生产、经营、储存、装卸单位，应当设置安全生产管理机构或者配备专职安全生产管理人员。

前款规定以外的其他生产经营单位，从业人员超过一百人的，应当设置安全生产管理机构或者配备专职安全生产管理人员；从业人员在一百人以下的，应当配备专职或者兼职的安全生产管理人员。

▶理解与适用

[安全生产管理机构]　[专职安全生产管理人员]

"安全生产管理机构"是指生产经营单位内部设立的专门负责安全生产管理事务的独立的部门。"专职安全生产管理人员"，是指在生产经营单位中专门负责安全生产管理，不再兼作其他工作的人员。

矿山、金属冶炼、建筑施工、运输单位和危险物品生产、经营、储存、装卸单位从事的生产经营活动危险性比较大，必须成立专门从事安全生产管理工作的机构，或者配备专职安全生产管理人员。具体是设机构还是配备专职人员，根据企业规模决定。

矿山、金属冶炼、建筑施工、运输单位和危险物品的生产、经营、储存、装卸单位外的其他生产经营单位，分两种情况：一是从业人员在100人以上的，规模较大，通常是人员密集，应当设置安全生产管理机构或者配备专职安全生产管理人员。二是从业人员在100人以下的，生产经营规模较小，生产经营活动风险较小，不要求必须设置安全生产管理机构，可以配备专职的安全生产管理人员，也可以配备兼职的安全生产管理人员。

▶条文参见

《安全生产许可证条例》第6条；《烟花爆竹安全管理条例》第8条；《建设工程安全生产管理条例》第23条；《建筑施工企业主要负责人、项目负责人和专职安全生产管理人员安全生产管理规定》第2–3条、第19–22条；《国务院关于进一步加强安全生产工作的决定》第10条

第二十五条　安全生产管理机构及人员的职责

生产经营单位的安全生产管理机构以及安全生产管理人员履行下列职责：

（一）组织或者参与拟订本单位安全生产规章制度、操作规程和生产安全事故应急救援预案；

（二）组织或者参与本单位安全生产教育和培训，如实记录安全生产教育和培训情况；

（三）组织开展危险源辨识和评估，督促落实本单位重大危险源的安全管理措施；

（四）组织或者参与本单位应急救援演练；

（五）检查本单位的安全生产状况，及时排查生产安全事故隐患，提出改进安全生产管理的建议；

（六）制止和纠正违章指挥、强令冒险作业、违反操作规程的行为；

（七）督促落实本单位安全生产整改措施。

生产经营单位可以设置专职安全生产分管负责人，协助本单位主要负责人履行安全生产管理职责。

▶理解与适用

安全生产管理机构和安全生产管理人员根据生产经营单位主要负责人的安排和担负的职责义务，承担组织制定安全生产规章制度、安全生产教育和培训、危险源辨识评估和安全管理、应急救援演练、排查生产安全事故隐患、制止和纠正违章指挥、督促整改等方面的职责。

生产经营单位可以根据实际情况，设置专职安全生产分管负责人，一些地方已经规定高危企业应当设置安全生产总监，协助主要负责人履行本单位安全生产管理职责。

▶条文参见

《建筑施工企业主要负责人、项目负责人和专职安全生产管理人员安全生产管理规定》第19-22条

第二十六条　履职要求与履职保障

> 生产经营单位的安全生产管理机构以及安全生产管理人员应当恪尽职守，依法履行职责。
> 生产经营单位作出涉及安全生产的经营决策，应当听取安全生产管理机构以及安全生产管理人员的意见。
> 生产经营单位不得因安全生产管理人员依法履行职责而降低其工资、福利等待遇或者解除与其订立的劳动合同。
> 危险物品的生产、储存单位以及矿山、金属冶炼单位的安全生产管理人员的任免，应当告知主管的负有安全生产监督管理职责的部门。

▶理解与适用

本条规定的职责和义务，安全生产管理机构及安全生产管理人员都应当履行。

本条第2款、第3款、第4款主要规定安全生产管理机构及人员的履职保障，一是对安全生产有关的经营决策提出意见，二是劳动关系和工资福利保障，三是部分高危行业安全生产管理人员的备案管理。规定这些措施，主要目的是防止安全生产管理人员

被打击报复，保障他们放心开展安全生产管理工作。

第二十七条　安全生产知识与管理能力

生产经营单位的主要负责人和安全生产管理人员必须具备与本单位所从事的生产经营活动相应的安全生产知识和管理能力。

危险物品的生产、经营、储存、装卸单位以及矿山、金属冶炼、建筑施工、运输单位的主要负责人和安全生产管理人员，应当由主管的负有安全生产监督管理职责的部门对其安全生产知识和管理能力考核合格。考核不得收费。

危险物品的生产、储存、装卸单位以及矿山、金属冶炼单位应当有注册安全工程师从事安全生产管理工作。鼓励其他生产经营单位聘用注册安全工程师从事安全生产管理工作。注册安全工程师按专业分类管理，具体办法由国务院人力资源和社会保障部门、国务院应急管理部门会同国务院有关部门制定。

▶理解与适用

生产经营单位的主要负责人要组织、领导本单位的安全生产管理工作，并承担保证安全生产的责任；安全生产管理人员是直接、具体承担本单位日常的安全生产管理工作的人员。这两类人员都应当具备相应的知识和能力。

危险物品的生产、经营、储存、装卸单位以及矿山、金属冶炼、建筑施工、运输单位专业性强、危险性大，属于事故多发的领域，对这类生产经营单位的主要负责人和安全生产管理人员，应当通过考核等手段，确保安全生产知识和能力符合要求。为防止主管部门借考核营利，增加企业负担，法律规定了考核不得收费。

[注册安全工程师]

注册安全工程师，是指经全国统一考试合格，取得中华人民共和国注册安全工程师执业资格证书和执业证，在生产经营单位从事安全生产管理、技术工作或者在安全生产中介机构从事有关安全生产技术服务工作的人员。危险物品的生产、储存、装卸单位以及矿山、金属冶炼单位应当配备注册安全工程师从事安全生产管理工作。

▶条文参见

《注册安全工程师管理规定》第3-6条;《建筑施工企业主要负责人、项目负责人和专职安全生产管理人员安全生产管理规定》第5-13条

第二十八条 安全生产教育和培训

生产经营单位应当对从业人员进行安全生产教育和培训,保证从业人员具备必要的安全生产知识,熟悉有关的安全生产规章制度和安全操作规程,掌握本岗位的安全操作技能,了解事故应急处理措施,知悉自身在安全生产方面的权利和义务。未经安全生产教育和培训合格的从业人员,不得上岗作业。

生产经营单位使用被派遣劳动者的,应当将被派遣劳动者纳入本单位从业人员统一管理,对被派遣劳动者进行岗位安全操作规程和安全操作技能的教育和培训。劳务派遣单位应当对被派遣劳动者进行必要的安全生产教育和培训。

生产经营单位接收中等职业学校、高等学校学生实习的,应当对实习学生进行相应的安全生产教育和培训,提供必要的劳动防护用品。学校应当协助生产经营单位对实习学生进行安全生产教育和培训。

生产经营单位应当建立安全生产教育和培训档案,如实记录安全生产教育和培训的时间、内容、参加人员以及考核结果等情况。

▶理解与适用

[安全生产教育和培训]

生产经营单位应当按照本单位安全生产教育和培训计划的总体要求,结合各个工作岗位的特点,科学、合理安排教育和培训工作。采取多种形式开展教育培训,包括组织专门的安全教育培训班、作业现场模拟操作培训、召开事故现场分析会等,确保取得实效。

[统一管理被派遣劳动者与本单位从业人员]

生产经营单位应当打破被派遣劳动者与本单位从业人员的区别，严格按照岗位特点、人员结构、新员工或者调换工种人员等情况，统一组织安全生产教育和培训，包括对被派遣劳动者进行岗位安全操作规程和安全操作技能的教育和培训，保证相同岗位，相同人员（被派遣劳动者和从业人员）达到同等的水平。

[生产经营单位对中等职业学校、高等学校学生的安全生产教育和培训]

生产经营单位接收中等职业学校、高等学校学生实习的，应当根据本单位生产经营的特点、各种危险性的状况，对实习学生进行相应的安全生产教育和培训，并提供必要的劳动防护用品。学校作为实习学生的管理方，应当协助和配合生产经营单位对实习学生进行安全生产教育和培训。

[安全生产教育和培训档案]

安全生产教育和培训档案应当详细记录每位从业人员参加安全生产教育培训的时间、内容、考核结果以及复训情况等，包括按照规定参加政府组织的安全培训的主要负责人、安全生产管理人员和特种作业人员的情况。

▶条文参见

《矿山安全法》第26条；《建筑法》第46条；《煤炭法》第33条；《建设工程安全生产管理条例》第25、37条；《危险化学品安全管理条例》第4条；《安全生产培训管理办法》；《生产经营单位安全培训规定》

▶典型案例指引

淮安市人民检察院诉康兆永、王刚危险物品肇事案（《中华人民共和国最高人民法院公报》2006年第8期）

案件适用要点：从事剧毒化学品运输工作的专业人员，在发生交通事故致使剧毒化学品泄漏后，有义务利用随车配备的应急处理器材和防护用品抢救对方车辆上的受伤人员，有义务在现场附近设置警戒区域，有义务及时报警并在报警时主动说明危险物品的特征、可能发生的危害，以及需要采取何种救助工具与救助方式才能防止、减轻以至消除危害，有义务在现场等待抢险人员的到来，利用自己对剧毒危险化学品的专业知识以及对运输车辆构造的了解，协助抢险人员处置突发事故。从事剧毒化学品运输工作的专业人员不履行这些义务，应当对由此造成的特别严重后果承担责任。

第二十九条 技术更新的教育和培训

生产经营单位采用新工艺、新技术、新材料或者使用新设备，必须了解、掌握其安全技术特性，采取有效的安全防护措施，并对从业人员进行专门的安全生产教育和培训。

▶理解与适用

[技术更新后针对性的安全培训]

生产经营单位采用新工艺、新技术、新材料或者使用新设备时，应当对有关从业人员重新进行有针对性的安全培训。生产经营单位对采用的新工艺、新技术、新材料或者使用的新设备在生产经营过程中可能产生的危险因素的性质、可能产生的危害后果、如何预防这种危险因素造成事故的措施以及一旦发生事故时如何妥善处理等事项，都要了解和掌握。

▶条文参见

《安全生产培训管理办法》；《生产经营单位安全培训规定》

第三十条 特种作业人员从业资格

生产经营单位的特种作业人员必须按照国家有关规定经专门的安全作业培训，取得相应资格，方可上岗作业。

特种作业人员的范围由国务院应急管理部门会同国务院有关部门确定。

▶理解与适用

[特种作业]

特种作业，是指容易发生事故，对操作者本人、他人的安全健康及设备、设施的安全可能造成重大危害的作业。特种作业人员的资格是安全准入类，属于行政许可范畴，由主管的负有安全生产监督管理职责的部门实施特种作业人员的考核发证工作，未经培训和考核合格，不得上岗作业。

根据《特种作业人员安全技术培训考核管理规定》，特种作业人员实行目录管理，具体范围由国务院应急管理部门会同国务院有关部门确定。有关部门应当相互协作，科学、合理、及时确定特种作业人员的范围，以满足实际工作的需要。

根据现行特种作业目录，特种作业大致包括：（1）电工作业。指对电气设备进行运行、维护、安装、检修、改造、施工、调试等作业（不含电力系统进网作业）。（2）焊接与热切割作业。指运用焊接或者热切割方法对材料进行加工的作业（不含《特种设备安全监察条例》规定的有关作业）。（3）高处作业。指专门或经常在坠落高度基准面2米及以上有可能坠落的高处进行的作业。（4）制冷与空调作业。指对大中型制冷与空调设备运行操作、安装与修理的作业。（5）煤矿安全作业。（6）金属非金属矿山安全作业。（7）石油天然气安全作业。（8）冶金（有色）生产安全作业。（9）危险化学品安全作业。指从事危险化工工艺过程操作及化工自动化控制仪表安装、维修、维护的作业。（10）烟花爆竹安全作业。指从事烟花爆竹生产、储存中的药物混合、造粒、筛选、装药、筑药、压药、搬运等危险工序的作业。（11）原安全监管总局认定的其他作业。直接从事以上特种作业的从业人员，就是特种作业人员。

▶条文参见

《矿山安全法》第26条；《建设工程安全生产管理条例》第25条；《特种作业人员安全技术培训考核管理规定》第3、4条

第三十一条 建设项目安全设施"三同时"

生产经营单位新建、改建、扩建工程项目（以下统称建设项目）的安全设施，必须与主体工程同时设计、同时施工、同时投入生产和使用。安全设施投资应当纳入建设项目概算。

▶理解与适用

[新建、扩建、改建]

"新建"，是指从基础开始建造的建设项目；"扩建"，是指在原有基础上加以扩充的建设项目；"改建"，是指不增加建筑物或

建设项目体量，在原有基础上，为提高生产效率，改进产品质量，改变产品方向，或改善建筑物使用功能、改变使用目的，对原有工程进行改造的建设项目。

["三同时"原则的要求]

同时设计、同时施工、同时投入生产和使用，称为"三同时"原则。生产经营单位违反"三同时"原则，应当承担相应的法律责任。

建设项目安全设施的"三同时"应当达到以下要求：

(1) 建设项目的设计单位在编制建设项目投资计划文件时，应同时按照有关法律、法规、国家标准或者行业标准以及设计规范，编制安全设施的设计文件。安全设施的设计不得随意降低安全设施的标准。

(2) 生产经营单位在编制建设项目投资计划和财务计划时，应将安全设施所需投资一并纳入计划，同时编报。

(3) 对于按照有关规定项目设计需报经主管部门批准的建设项目，在报批时，应当同时报送安全设施设计文件；按照规定，安全设施设计需报主管的负有安全生产监督管理职责的部门审批的，应报主管的负有安全生产监督管理职责的部门批准。

(4) 生产经营单位应当要求具体从事建设项目施工的单位严格按照安全设施的施工图纸和设计要求施工。安全设施与主体工程应同时进行施工，安全设施的施工不得偷工减料，降低建设质量。

(5) 在生产设备调试阶段，应同时对安全设施进行调试和考核，并对其效果进行评价。

(6) 建设项目验收时，应同时对安全设施进行验收。

(7) 安全设施应当与主体工程同时投入生产和使用，不得只将主体工程投入使用，而将安全设施摆样子，不予使用。

▶条文参见

《劳动法》第53条；《矿山安全法》第7条；《建筑法》第38条

第三十二条　特殊建设项目安全评价

矿山、金属冶炼建设项目和用于生产、储存、装卸危险物品的建设项目，应当按照国家有关规定进行安全评价。

▶理解与适用

建设项目的安全评价,主要是指在建设项目的可行性研究阶段的安全预评价,即根据建设项目可行性研究阶段报告的内容,运用科学的评价方法,分析和预测该建设项目存在的危险、危害因素的种类和危险、危害程度,提出合理可行的安全技术和管理对策,作为该建设项目初步设计中安全设计和建设项目安全管理、监察的重要依据。

▶条文参见

《矿山安全法实施条例》第6条

第三十三条 特殊建设项目安全设计审查

建设项目安全设施的设计人、设计单位应当对安全设施设计负责。

矿山、金属冶炼建设项目和用于生产、储存、装卸危险物品的建设项目的安全设施设计应当按照国家有关规定报经有关部门审查,审查部门及其负责审查的人员对审查结果负责。

▶理解与适用

[建设项目安全设施的设计人、设计单位的责任]

建设项目安全设施的设计人、设计单位对安全设施设计负责,应当达到下列要求:一是设计人、设计单位必须按照资质等级承担相应的安全设施设计任务。二是应当保证安全设施的设计质量。三是对因安全设施问题造成的后果负责。

[矿山、金属冶炼建设项目和用于生产、储存、装卸危险物品的建设项目的安全设施设计的审查]

审查部门及其负责审查的人员,应当坚持原则,认真履行各自审查职责,对符合要求的安全设施设计,予以批准;对于不符合要求的安全设施设计,有权责令有关设计人、设计单位重新设计或进行修改,经重新设计或修改后仍不符合安全要求的,不予批准。审查部门和负责审查的人员对于其审查结果负责。

▶条文参见

《矿山安全法》第 8-12 条

第三十四条　特殊建设项目安全设施验收

矿山、金属冶炼建设项目和用于生产、储存、装卸危险物品的建设项目的施工单位必须按照批准的安全设施设计施工，并对安全设施的工程质量负责。

矿山、金属冶炼建设项目和用于生产、储存、装卸危险物品的建设项目竣工投入生产或者使用前，应当由建设单位负责组织对安全设施进行验收；验收合格后，方可投入生产和使用。负有安全生产监督管理职责的部门应当加强对建设单位验收活动和验收结果的监督核查。

▶理解与适用

[矿山、金属冶炼建设项目和用于生产、储存、装卸危险物品的建设项目的施工]

矿山、金属冶炼建设项目和用于生产、储存、装卸危险物品的建设项目的施工单位必须按照批准的安全设施设计施工，任何单位和个人不得擅自决定不按照批准的安全设施设计施工或者擅自更改设计文件。

[矿山、金属冶炼建设项目和用于生产、储存、装卸危险物品的建设项目的验收]

建设单位必须认真负责，严格按照有关规定对其安全设施进行验收。对于未经验收或者经验收但不合格的安全设施，建设单位不得将其投入生产和使用。否则，建设单位将依法承担相应的法律责任。

为促使建设单位按标准认真做好验收工作，负有安全生产监督管理职责的部门应当加强对验收活动和验收结果的监督核查，包括可以对有关重要项目或重要部位进行现场检查，或者对验收结果进行核实。

▶条文参见

《矿山安全法》第 12 条；《矿山安全法实施条例》第 7-10

条;《危险化学品安全管理条例》第20条

第三十五条 安全警示标志

生产经营单位应当在有较大危险因素的生产经营场所和有关设施、设备上,设置明显的安全警示标志。

▶理解与适用

[危险因素]

这里的"危险因素"主要指能对人造成伤亡或者对物造成突发性损害的各种因素。

[安全警示标志]

安全警示标志应当设置在作业场所或者有关设施、设备的醒目位置,一目了然,让每一个在该场所从事生产经营活动的从业人员或者该设施、设备的使用者,都能够清楚地看到,不能设置在让从业人员很难找到的地方。

安全警示标志,一般由安全色、几何图形和图形符号构成。根据现行有关规定,我国目前使用的安全色主要有四种:(1)红色,表示禁止、停止,也代表防火;(2)蓝色,表示指令或必须遵守的规定;(3)黄色,表示警告、注意;(4)绿色,表示安全状态、提示或通行。而我国目前常用的安全警示标志,根据其含义,也可分为四大类:(1)禁止标志,即圆形内划一斜杠,并用红色描划成较粗的圆环和斜杠,表示"禁止"或"不允许"的含义;(2)警告标志,即"△",三角的背景用黄色,三角图形和三角内的图像均用黑色描绘,警告人们注意可能发生的各种危险;(3)指令标志,即"○",在圆形内配上指令含义的颜色——蓝色,并用白色绘画必须履行的图形符号,构成"指令标志",要求到这个地方的人必须遵守;(4)提示标志,以绿色为背景的长方几何图形,配以白色的文字和图形符号,并标明目标的方向,即构成提示标志,如消防设备提示标志等。生产经营单位应当按照这些规定设置安全警示标志。

▶条文参见

《职业病防治法》第24、28、29条;《建设工程安全生产管理

条例》第28条;《危险化学品安全管理条例》第20条

第三十六条 安全设备管理

> 安全设备的设计、制造、安装、使用、检测、维修、改造和报废,应当符合国家标准或者行业标准。
> 生产经营单位必须对安全设备进行经常性维护、保养,并定期检测,保证正常运转。维护、保养、检测应当作好记录,并由有关人员签字。
> 生产经营单位不得关闭、破坏直接关系生产安全的监控、报警、防护、救生设备、设施,或者篡改、隐瞒、销毁其相关数据、信息。
> 餐饮等行业的生产经营单位使用燃气的,应当安装可燃气体报警装置,并保障其正常使用。

▶理解与适用

[安全设备]

安全设备,主要是指为了保护从业人员等生产经营活动参与者的安全,防止生产安全事故发生以及在发生生产安全事故时用于救援而安装使用的机械设备和器械,如矿山使用的自救器、灭火设备以及各种安全检测仪器。安全设备从设计到报废各个环节符合国家标准或者行业标准的要求,进行经常性维护、保养,并定期检测。

[关闭、破坏直接关系生产安全的监控、报警、防护、救生设备、设施,或者篡改、隐瞒、销毁其相关数据、信息的行为]

《刑法修正案(十一)》增加规定了危险作业罪,对关闭、破坏直接关系生产安全的监控、报警、防护、救生设备、设施,或者篡改、隐瞒、销毁其相关数据、信息的行为,具有发生重大伤亡事故或者其他严重后果的现实危险的,处一年以下有期徒刑、拘役或者管制。为与刑法的规定相衔接,此次修改在本条第3款对以上行为做出禁止性规定,并相应增加了行政处罚。

关闭、破坏直接关系生产安全的监控、报警、防护、救生设备、设施,或者篡改、隐瞒、销毁其相关数据、信息的行为,针对的是生产、作业中已经发现危险，如瓦斯超标，但故意关闭、破坏报警、监控设备，或者修改设备阈值，破坏检测设备正常工作条件，使有关监控、监测设备不能正常工作，而继续冒险作业，逃避监管。如2009年河南平顶山新华四矿瓦斯爆炸事故，故意将瓦斯监测仪探头放到窗户通风处，将报警仪电线剪断。"关闭、破坏设备、设施或者篡改、隐瞒、销毁相关数据、信息"的行为是"故意"的，但对结果不是希望或者追求结果，否则可能构成其他犯罪如以危险方法危害公共安全罪等。关闭、破坏的"设备、设施"属于"直接关系生产安全的"设备、设施，这是限定条件。直接关系生产安全是指设备、设施的功能直接检测安全环境数据，关闭、破坏后可能直接导致事故发生，具有重大危险。关闭、破坏与安全生产事故发生不具有直接性因果关系的设备、设施的，不能认定为本罪。

[安装报警装置的安全保障措施]

近年来餐饮行业燃气爆炸事故频发，对人民群众生命财产安全造成极大威胁，安装使用可燃气体报警装置成本较低，不会显著增加生产经营单位负担，且能够第一时间发现燃气泄漏等情况，有效避免事故发生。此次修改在本条第4款增加了安装报警装置的安全保障措施。

▶ 条文参见

《矿山安全法》第15、16条；《煤炭法》第38条；《建设工程安全生产管理条例》第34、35条；《危险化学品安全管理条例》第26条

第三十七条　特殊特种设备的管理

生产经营单位使用的危险物品的容器、运输工具，以及涉及人身安全、危险性较大的海洋石油开采特种设备和矿山井下特种设备，必须按照国家有关规定，由专业生产单位生产，并经具有专业资质的检测、检验机构检测、检验合格，取得安全使用证或者安全标志，方可投入使用。检测、检验机构对检测、检验结果负责。

▶理解与适用

[必须检测、检验合格的设备]

本条规定需要进行特殊管理，必须检测、检验合格的设备分为两类：一是危险物品的容器、运输工具；二是涉及人身安全、危险性较大的海洋石油开采特种设备和矿山井下特种设备。

[对检测、检验机构的要求]

检测、检验机构应当按照规定的技术标准和要求进行检测、检验，提出科学、客观的结论；出具专业检测、检验证明或报告。检测、检验合格的，发给安全使用证或者安全标志，不合格的，不得发给安全使用证或者安全标志。因检测、检验机构的原因，致使不合格的危险物品的容器、运输工具和特种设备投入使用，并造成后果的，检测、检验机构及其有关人员应当承担相应的法律责任。

▶条文参见

《特种设备安全法》第2、18-25条；《建设工程安全生产管理条例》第35条；《危险化学品安全管理条例》第20、21条

第三十八条　淘汰制度

国家对严重危及生产安全的工艺、设备实行淘汰制度，具体目录由国务院应急管理部门会同国务院有关部门制定并公布。法律、行政法规对目录的制定另有规定的，适用其规定。

省、自治区、直辖市人民政府可以根据本地区实际情况制定并公布具体目录，对前款规定以外的危及生产安全的工艺、设备予以淘汰。

生产经营单位不得使用应当淘汰的危及生产安全的工艺、设备。

▶理解与适用

[危及生产安全的工艺、设备]

危及生产安全的工艺、设备分两个等级，一是严重危及生产

安全的工艺、设备，二是其他危及生产安全的工艺、设备。

严重危及生产安全的工艺、设备是指不符合生产安全要求，极有可能导致生产安全事故发生，致使人民群众生命和财产遭受重大损失的工艺、设备。此类工艺、设备淘汰目录由国务院应急管理部门会同有关部门制定并公布。

其他危及生产安全的工艺、设备，与严重危及生产安全的工艺、设备相比，危险性较低，有的工艺、设备在生产经营单位及其从业人员履行了适当的注意义务或者附加了必要的防护条件后，可以尽量避免事故的发生。此类工艺、设备的淘汰目录由省级人民政府制定。

生产经营单位不得使用应当淘汰的危及生产安全的工艺、设备，是禁止性规定，生产经营单位必须执行，不得继续使用此类工艺和设备，也不得转让他人使用，否则，应当承担相应的法律责任。

▶条文参见

《煤炭法》第29条；《建设工程安全生产管理条例》第45条

第三十九条　危险物品的监管

生产、经营、运输、储存、使用危险物品或者处置废弃危险物品的，由有关主管部门依照有关法律、法规的规定和国家标准或者行业标准审批并实施监督管理。

生产经营单位生产、经营、运输、储存、使用危险物品或者处置废弃危险物品，必须执行有关法律、法规和国家标准或者行业标准，建立专门的安全管理制度，采取可靠的安全措施，接受有关主管部门依法实施的监督管理。

▶理解与适用

［危险物品主管部门的审批和监督管理］

危险物品，是指易燃易爆物品、危险化学品、放射性物品等能够危及人身安全和财产安全的物品。由于危险物品涉及的行业、领域较多，许多法律、法规和标准对危险物品相关活动的监管均有规定，按照这些规定，除应急管理部门外，对应的主管部门要根据危险物品相关的活动特点，进行审批并实施监督管理。

[危险物品的生产、经营、储存、使用、运输以及处置废弃危险物品]

危险物品的生产、经营、储存、使用、运输以及处置废弃危险物品等活动具有较大的危险性，一旦发生事故，将会对国家和广大人民群众的生命财产安全造成重大损害，因而需要生产经营单位采取安全、可靠的安全防护和应急处置措施。比如，《危险化学品安全管理条例》的规定，生产、储存、使用、经营、运输危险化学品的单位（以下统称危险化学品单位）的主要负责人对本单位的危险化学品安全管理工作全面负责。危险化学品单位应当具备法律、行政法规规定和国家标准、行业标准要求的安全条件，建立、健全安全管理规章制度和岗位安全责任制度，对从业人员进行安全教育、法制教育和岗位技术培训。从业人员应当接受教育和培训，考核合格后上岗作业；对有资格要求的岗位，应当配备依法取得相应资格的人员。再如，《放射性污染防治法》的规定，放射性物质和射线装置应当设置明显的放射性标识和中文警示说明。生产、销售、使用、贮存、处置放射性物质和射线装置的场所，以及运输放射性物质和含放射源的射线装置的工具，应当设置明显的放射性标志。

▶条文参见

《安全生产法》第117条；《放射性污染防治法》第9、17条；《危险化学品安全管理条例》第4-6、24、25条；《烟花爆竹安全管理条例》第22-27条

▶典型案例指引

王召成等非法买卖、储存危险物质案（最高人民法院指导案例13号）

案件适用要点：（1）国家严格监督管理的氰化钠等剧毒化学品，易致人中毒或者死亡，对人体、环境具有极大的毒害性和危险性，属于《刑法》第125条第2款规定的"毒害性"物质。（2）"非法买卖"毒害性物质，是指违反法律和国家主管部门规定，未经有关主管部门批准许可，擅自购买或者出售毒害性物质的行为，并不需要兼有买进和卖出的行为。

第四十条 重大危险源的管理和备案

生产经营单位对重大危险源应当登记建档，进行定期检测、评估、监控，并制定应急预案，告知从业人员和相关人员在紧急情况下应当采取的应急措施。

生产经营单位应当按照国家有关规定将本单位重大危险源及有关安全措施、应急措施报有关地方人民政府应急管理部门和有关部门备案。有关地方人民政府应急管理部门和有关部门应当通过相关信息系统实现信息共享。

▶理解与适用

[重大危险源]

根据本法第117条，重大危险源，是指长期地或者临时地生产、搬运、使用或者储存危险物品，且危险物品的数量等于或者超过临界量的单元（包括场所和设施）。

重大危险源的安全管理措施包括：一是登记建档；二是进行定期检测、评估、监控；三是制定应急预案；四是告知从业人员和相关人员在紧急情况下应当采取的应急措施。重大危险源及安全措施、应急措施备案的目的，主要是便于安全生产监督管理部门和有关部门及时、全面地掌握生产经营单位重大危险源的分布以及具体危害情况，可以有针对性地采取措施，加强监督管理，经常性进行检查，防止生产安全事故的发生。贯彻落实《中共中央、国务院关于推进安全生产领域改革发展的意见》关于构建国家、省、市、县四级重大危险源信息管理体系的要求，此次修改增加了有关地方人民政府应急管理部门和有关部门对重大危险源的信息共享。

[危险化学品企业重大危险源主要负责人的安全包保责任]

安全包保，是指危险化学品企业按照要求，专门为重大危险源指定主要负责人、技术负责人和操作负责人，并由其包联保证重大危险源安全管理措施落实到位的一种安全生产责任制。

重大危险源的主要负责人，对所包保的重大危险源负有下列安全职责：（1）组织建立重大危险源安全包保责任制并指定对重大危险源负有安全包保责任的技术负责人、操作负责人；（2）组织制定重大危险源安全生产规章制度和操作规程,并采取有效措施保证其得到执行;(3)组织对重大危险源的管理和操作岗位人员进行安全技能培训;(4)保证重大危险源安全生产所必需的安全投入;(5)督促、检查重大危险源安全生产工作;(6)组织制定并实施重大危险源生产安全事故应急救援预案;(7)组织通过危险化学品登记信息管理系统填报重大危险源有关信息,保证重大危险源安全监测监控有关数据接入危险化学品安全生产风险监测预警系统。

[重大危险源档案]

重大危险源档案应当包括的文件、资料有:辨识、分级记录;重大危险源基本特征表;涉及的所有化学品安全技术说明书;区域位置图、平面布置图、工艺流程图和主要设备一览表;重大危险源安全管理规章制度及安全操作规程;安全监测监控系统、措施说明、检测、检验结果;重大危险源事故应急预案、评审意见、演练计划和评估报告;安全评估报告或者安全评价报告;重大危险源关键装置、重点部位的责任人、责任机构名称;重大危险源场所安全警示标志的设置情况;其他文件、资料。

▶条文参见

《安全生产法》第117条;《危险化学品安全管理条例》第19条

第四十一条 安全风险管控制度和事故隐患治理制度

生产经营单位应当建立安全风险分级管控制度,按照安全风险分级采取相应的管控措施。

生产经营单位应当建立健全并落实生产安全事故隐患排查治理制度,采取技术、管理措施,及时发现并消除事故隐患。事故隐患排查治理情况应当如实记录,并通过职工大会或者职工代表大会、信息公示栏等方式向从业人员通报。其中,重大事故隐患排查治理情况应当及时向负有安全生产监督管理职责的部门和职工大会或者职工代表大会报告。

县级以上地方各级人民政府负有安全生产监督管理职责的部门应当将重大事故隐患纳入相关信息系统,建立健全重大事故隐患治理督办制度,督促生产经营单位消除重大事故隐患。

▶理解与适用

[生产安全事故隐患]

生产安全事故隐患（以下简称事故隐患），是指生产经营单位违反安全生产法律、法规、规章、标准、规程和安全生产管理制度的规定，或者因其他因素在生产经营活动中存在可能导致事故发生的物的危险状态、人的不安全行为和管理上的缺陷。事故隐患是导致事故发生的主要根源之一。根据现行标准的规定，隐患主要有三个方面：人的不安全行为、物的不安全状态和管理上的缺陷。生产经营单位的事故隐患分为一般事故隐患和重大事故隐患，一般事故隐患，是指危害和整改难度较小，发现后能够立即整改排除的隐患。重大事故隐患，是指危害和整改难度较大，应当全部或者局部停产停业，并经过一定时间整改治理方能排除的隐患，或者因外部因素影响致使生产经营单位自身难以排除的隐患。

[安全风险分级管控制度和重大事故隐患排查治理情况双报告制度]

《中共中央、国务院关于推进安全生产领域改革发展的意见》要求，企业要定期开展风险评估和危害辨识。针对高危工艺、设备、物品、场所和岗位，建立分级管控制度，制定落实安全操作规程。树立隐患就是事故的观念，建立健全隐患排查治理制度、重大隐患治理情况向负有安全生产监督管理职责的部门和企业职代会双报告制度。为贯彻落实上述要求，此次修改增加了安全风险分级管控制度和重大事故隐患排查治理情况双报告制度。

负有安全生产监督管理职责的部门要建立与企业隐患排查治理系统联网的信息平台，完善线上线下配套监管制度。将事故隐患纳入相关信息系统，有利于建立健全重大事故隐患治理督办制度，督促生产经营单位消除重大事故隐患。

第四十二条　生产经营场所和员工宿舍安全要求

生产、经营、储存、使用危险物品的车间、商店、仓库不得与员工宿舍在同一座建筑物内，并应当与员工宿舍保持安全距离。

> 生产经营场所和员工宿舍应当设有符合紧急疏散要求、标志明显、保持畅通的出口、疏散通道。禁止占用、锁闭、封堵生产经营场所或者员工宿舍的出口、疏散通道。

▶理解与适用

生产经营单位不得以任何理由违反员工宿舍设置和安全距离的要求，员工也应当提高自我保护意识，拒绝使用生产经营单位提供的违反安全要求的宿舍，并有权向有关部门检举和控告。

保证生产经营场所和员工宿舍出口、疏散通道的畅通十分重要，一方面有利于发生生产安全事故时从业人员的撤离，减少人员的伤亡；同时也有利于救援队伍及时进入事故现场，开展抢救工作，防止事故扩大，尽量减少事故造成的损失。此次修改增加了"疏散通道"，并增加了禁止"占用"的规定。

▶条文参见

《危险化学品安全管理条例》第19条；《建设工程安全生产管理条例》第29、30条

第四十三条 危险作业的现场安全管理

> 生产经营单位进行爆破、吊装、动火、临时用电以及国务院应急管理部门会同国务院有关部门规定的其他危险作业，应当安排专门人员进行现场安全管理，确保操作规程的遵守和安全措施的落实。

▶理解与适用

通过对危险作业进行现场安全管理，一方面可以检查作业场所的各项安全措施是否得到落实，另一方面可以监督从事危险作业的人员是否严格按有关操作规程进行操作。同时，还可以对作业场所的各种情况进行及时协调，发现事故隐患及时采取措施进行紧急排除。

▶条文参见

《建设工程安全生产管理条例》第17条

第四十四条 从业人员的安全管理

生产经营单位应当教育和督促从业人员严格执行本单位的安全生产规章制度和安全操作规程；并向从业人员如实告知作业场所和工作岗位存在的危险因素、防范措施以及事故应急措施。

生产经营单位应当关注从业人员的身体、心理状况和行为习惯，加强对从业人员的心理疏导、精神慰藉，严格落实岗位安全生产责任，防范从业人员行为异常导致事故发生。

▶ 理解与适用

[安全生产规章制度和安全操作规程]

生产经营单位的安全生产规章制度主要包括两个方面的内容，一是安全生产管理方面的规章制度；二是安全技术方面的规章制度。规程是对工艺、操作、安装、检定、安全、管理等具体技术要求和实施程序所作的统一规定，安全操作规程是指在生产活动中，为消除导致人身伤亡或者造成设备、财产破坏以及危害环境的因素而制定的具体技术要求和实施程序的统一规定。安全生产规章制度和安全操作规程，是保证生产经营活动安全进行的重要制度保障，从业人员在进行作业时必须严格执行。

[关注从业人员身体、心理状况和行为习惯]

此次修改增加第2款，主要针对近年来因从业人员行为异常引发生产安全事故的情况时有发生，如公交车司机驾车坠湖等事故。要求生产经营单位关注从业人员身体、心理状况和行为习惯，就是为了确保从业人员的生理、心理状况和行为习惯符合岗位的安全生产要求，避免事故发生。

第四十五条 劳动防护用品

生产经营单位必须为从业人员提供符合国家标准或者行业标准的劳动防护用品，并监督、教育从业人员按照使用规则佩戴、使用。

▶理解与适用

　　生产经营单位为劳动者提供的劳动防护用品，应该是符合国家标准或者行业标准的、合格的劳动防护用品，并必须把劳动防护用品发放到从业人员手中，不得以货币或其他物品替代应当配备的劳动防护用品。

　　生产经营单位应当采取措施，使劳动者掌握劳动防护用品的使用规则，并在实践中监督、指导劳动者按照使用规则佩戴、使用劳动防护用品，使其真正发挥作用。

第四十六条　安全检查和报告义务

　　生产经营单位的安全生产管理人员应当根据本单位的生产经营特点，对安全生产状况进行经常性检查；对检查中发现的安全问题，应当立即处理；不能处理的，应当及时报告本单位有关负责人，有关负责人应当及时处理。检查及处理情况应当如实记录在案。

　　生产经营单位的安全生产管理人员在检查中发现重大事故隐患，依照前款规定向本单位有关负责人报告，有关负责人不及时处理的，安全生产管理人员可以向主管的负有安全生产监督管理职责的部门报告，接到报告的部门应当依法及时处理。

▶理解与适用

　　安全检查主要涉及安全生产规章制度是否健全、完善，安全设备、设施是否处于正常的运行状态，从业人员是否具备应有的安全知识和操作技能，从业人员在工作中是否严格遵守安全生产规章制度和操作规程，从业人员的劳动防护用品是否符合标准以及是否有其他事故隐患等。

第四十七条　安全生产经费保障

　　生产经营单位应当安排用于配备劳动防护用品、进行安全生产培训的经费。

第四十八条 安全生产协作

两个以上生产经营单位在同一作业区域内进行生产经营活动，可能危及对方生产安全的，应当签订安全生产管理协议，明确各自的安全生产管理职责和应当采取的安全措施，并指定专职安全生产管理人员进行安全检查与协调。

第四十九条 生产经营项目、施工项目的安全管理

生产经营单位不得将生产经营项目、场所、设备发包或者出租给不具备安全生产条件或者相应资质的单位或者个人。

生产经营项目、场所发包或者出租给其他单位的，生产经营单位应当与承包单位、承租单位签订专门的安全生产管理协议，或者在承包合同、租赁合同中约定各自的安全生产管理职责；生产经营单位对承包单位、承租单位的安全生产工作统一协调、管理，定期进行安全检查，发现安全问题的，应当及时督促整改。

矿山、金属冶炼建设项目和用于生产、储存、装卸危险物品的建设项目的施工单位应当加强对施工项目的安全管理，不得倒卖、出租、出借、挂靠或者以其他形式非法转让施工资质，不得将其承包的全部建设工程转包给第三人或者将其承包的全部建设工程支解以后以分包的名义分别转包给第三人，不得将工程分包给不具备相应资质条件的单位。

▶理解与适用

此次修改增加的第3款，主要是针对矿山、金属冶炼、危险物品等建设项目，因其专业性强，建设管理不规范极易导致重特大事故发生。特别是山东栖霞笏山金矿"1·10"重大爆炸事故、招远曹家洼金矿"2·17"较大火灾事故等，暴露出企业项目管理混乱，倒卖、出租、出借、挂靠或者以其他形式非法转让施工资质，非法转包分包等问题。结合《民法典》、《建筑法》的有关要求，在本法中对禁止有关行为作出规定。

第五十条　单位主要负责人组织事故抢救职责

生产经营单位发生生产安全事故时，单位的主要负责人应当立即组织抢救，并不得在事故调查处理期间擅离职守。

第五十一条　工伤保险和安全生产责任保险

生产经营单位必须依法参加工伤保险，为从业人员缴纳保险费。

国家鼓励生产经营单位投保安全生产责任保险；属于国家规定的高危行业、领域的生产经营单位，应当投保安全生产责任保险。具体范围和实施办法由国务院应急管理部门会同国务院财政部门、国务院保险监督管理机构和相关行业主管部门制定。

▶理解与适用

[工伤保险]

工伤保险是指职工在劳动过程中发生生产安全事故以及职业病，暂时或者永久地丧失劳动能力时，在医疗和生活上获得物质帮助的一种社会保险制度。工伤保险由单位缴费，个人不缴费。

[安全生产责任保险]

安全生产责任保险是以生产经营过程中因发生意外事故，造成人身伤亡或财产损失，依法应由生产经营单位承担的经济赔偿责任为保险标的（是指作为保险对象的财产用其有关利益，或者是人的寿命和身体，它是保险利益的载体），保险公司按相关保险条款的约定对保险人以外的第三者进行赔偿的责任保险。

此次修改根据《中共中央、国务院关于推进安全生产领域改革发展的意见》要求和近年来各地推行安全生产责任保险的情况，在法律中规定矿山、危险化学品、烟花爆竹、交通运输、建筑施工、民用爆炸物品、金属冶炼、渔业生产等高危行业领域强制实施，有利于切实发挥保险机构参与风险评估管控和事故预防功能。

▶条文参见

《国务院关于保险业改革发展的若干意见》；《工伤保险条例》

▶典型案例指引

1. 孙立兴诉天津新技术产业园区劳动人事局工伤认定案（最高人民法院指导案例40号）

案件适用要点：(1)《工伤保险条例》第十四条第一项规定的"因工作原因"，是指职工受伤与其从事本职工作之间存在关联关系。

(2)《工伤保险条例》第十四条第一项规定的"工作场所"，是指与职工工作职责相关的场所，有多个工作场所的，还包括工作时间内职工来往于多个工作场所之间的合理区域。

(3) 职工在从事本职工作中存在过失，不属于《工伤保险条例》第十六条规定的故意犯罪、醉酒或者吸毒、自残或者自杀情形，不影响工伤的认定。

2. 上海温和足部保健服务部诉上海市普陀区人力资源和社会保障局工伤认定案（《中华人民共和国最高人民法院公报》2017年第4期）

案件适用要点：职工在工作时间和工作岗位上突发疾病，经抢救后医生虽然明确告知家属无法挽救生命，在救护车运送回家途中职工死亡的，仍应认定其未脱离治疗抢救状态。若职工自发病至死亡期间未超过48小时，应视为"48小时之内经抢救无效死亡"，视同工伤。

3. 韩某与河南省某市人力资源和社会保障局工伤认定行政抗诉案（《最高人民检察院发布12件"加强行政检察监督促进行政争议实质性化解"典型案例》）

案件适用要点：工伤保险作为一种社会保障制度，旨在最大限度地保障劳动者受到职业伤害后获得救济的权利。本案中，检察机关准确把握工伤保险制度的立法目的和宗旨，厘清"工作岗位"等法律概念，通过依法提出抗诉，监督法院纠正错误行政判决。同时，对于用人单位否认工伤而又不能提供相关证据的，依法监督法院正确适用举证责任分配，充分保障劳动者因工作原因遭受事故伤害或突发疾病时能够获得相应医疗救济、经济补偿。

第三章　从业人员的安全生产权利义务

第五十二条　劳动合同的安全条款

生产经营单位与从业人员订立的劳动合同，应当载明有关保障从业人员劳动安全、防止职业危害的事项，以及依法为从业人员办理工伤保险的事项。

生产经营单位不得以任何形式与从业人员订立协议，免除或者减轻其对从业人员因生产安全事故伤亡依法应承担的责任。

▶理解与适用

劳动合同是劳动者与用人单位确立劳动关系，明确双方权利和义务的协议。根据《劳动合同法》第4条的规定，用人单位在制定、修改或者决定有关劳动报酬、工作时间、休息休假、劳动安全卫生、保险福利、职工培训、劳动纪律以及劳动定额管理等直接涉及劳动者切身利益的规章制度或者重大事项时，应当经职工代表大会或者全体职工讨论，提出方案和意见，与工会或者职工代表平等协商确定。

劳动合同应当包含安全生产有关的事项：一是保障从业人员劳动安全，防止职业危害的事项；二是办理工伤保险的事项。

不能订立免责协议：一是禁止订立违反法律规定的协议；二是任何形式的这种协议都在禁止之列，比如一度猖獗的"生死合同"以及其他种种形式的非法协议，都在禁止范围内；三是订立了这种协议的并不能免除或者减轻生产安全事故的责任，即从法律上不承认这种合同是合法的、有效的。

▶条文参见

《劳动合同法》第17、26-28条

▶典型案例指引

张连起、张国莉诉张学珍损害赔偿纠纷案（《中华人民共和国最高人民法院公报》1989年第1期）

案件适用要点：被告作为雇主，在招工登记表中注明"工伤概不负责"，违反了宪法和有关劳动法规的规定，也严重违反社会主义公德，属于无效民事行为。其由于过错侵害了原告的人身安全，应当承担民事责任。

第五十三条　知情权和建议权

> 生产经营单位的从业人员有权了解其作业场所和工作岗位存在的危险因素、防范措施及事故应急措施，有权对本单位的安全生产工作提出建议。

▶理解与适用

［知情权］

生产经营单位的从业人员对于劳动安全的知情权，与从业人员的生命安全和健康关系密切，是保护劳动者生命健康权的重要前提。作业场所和工作岗位存在的危险因素、防范措施及事故应急措施是从业人员知情权的三项作用内容。

《劳动合同法》规定：用人单位应当将直接涉及劳动者切身利益的规章制度和重大事项决定公示，或者告知劳动者；用人单位招用劳动者时，应当如实告知劳动者工作内容、工作条件、工作地点、职业危害、安全生产状况、劳动报酬，以及劳动者要求了解的其他情况等。《职业病防治法》中规定：劳动者享有了解工作场所产生或者可能产生的职业病危害因素、危害后果和应当采取的职业病防护措施的权利。用人单位与劳动者订立劳动合同（含聘用合同，下同）时，应当将工作过程中可能产生的职业病危害及其后果、职业病防护措施和待遇等如实告知劳动者，并在劳动合同中写明，不得隐瞒或者欺骗。劳动者在已订立劳动合同期间因工作岗位或者工作内容变更，从事与所订立劳动合同中未告知的存在职业病危害的作业时，用人单位应当依照规定，向劳动者履行如实告知的义务，并协商变更原劳动合同相关条款。

［建议权］

从业人员有权利参与用人单位的民主管理。从业人员通过参与生产经营的民主管理，可以充分调动其积极性与主动性，可以充分发挥其聪明才智，为本单位献计献策，对安全生产工作提出意见与建议，共同做好生产经营单位的安全生产工作。

第五十四条 批评、检举、控告、拒绝权

从业人员有权对本单位安全生产工作中存在的问题提出批评、检举、控告；有权拒绝违章指挥和强令冒险作业。

生产经营单位不得因从业人员对本单位安全生产工作提出批评、检举、控告或者拒绝违章指挥、强令冒险作业而降低其工资、福利等待遇或者解除与其订立的劳动合同。

▶理解与适用

[从业人员对安全生产工作的监督权]

从业人员对安全生产工作的监督权，包括两个方面：一是对安全生产工作中存在的问题提出批评、检举、控告。检举可以署名，也可以不署名；可以用书面形式，也可以用口头形式。二是拒绝违章指挥、强令冒险作业

对从业人员行使监督权的保护措施，主要包括两个方面：一是不得降低其工资、福利等待遇；二是不得解除与其订立的劳动合同。对生产经营单位违章指挥、强令冒险作业危及从业人员人身安全的，从业人员可以立即解除劳动合同，不需事先告知用人单位，这是劳动者的一项重要权利。

第五十五条 紧急处置权

从业人员发现直接危及人身安全的紧急情况时，有权停止作业或者在采取可能的应急措施后撤离作业场所。

生产经营单位不得因从业人员在前款紧急情况下停止作业或者采取紧急撤离措施而降低其工资、福利等待遇或者解除与其订立的劳动合同。

▶理解与适用

[从业人员紧急情况下的处置权及保护措施]

从业人员行使紧急撤离权的前提条件是，发现直接危及人身安全的紧急情况，如果不撤离会对其生命安全和健康造成直接的威胁。行使权利的选择权在从业人员，不要求从业人员应当在采

取可能的应急措施后或者在征得有关负责人员同意后撤离作业场所。

▶条文参见

《煤炭法》第34条;《矿山安全法实施条例》第44条;《建设工程安全生产管理条例》第32条

第五十六条 事故后的人员救治和赔偿

> 生产经营单位发生生产安全事故后,应当及时采取措施救治有关人员。
>
> 因生产安全事故受到损害的从业人员,除依法享有工伤保险外,依照有关民事法律尚有获得赔偿的权利的,有权提出赔偿要求。

▶理解与适用

此次修改增加第1款规定,要求生产经营单位发生生产安全事故后,应当及时采取措施救治有关人员,既包括本单位从业人员,也包括遭到事故伤害的其他人员。生产安全事故责任主体有可能是本单位,也有可能是其他单位,受到事故损害的从业人员有权依据《民法典》等法律法规提出赔偿要求。

▶条文参见

《职业病防治法》第58条;《工伤保险条例》第33-41条

▶典型案例指引

杨文伟诉宝二十冶公司人身损害赔偿纠纷案(《中华人民共和国最高人民法院公报》2006年第8期)

案件适用要点:因被告公司的职工违规作业,将在现场作业的原告砸伤,原告起诉要求被告承担赔偿责任。被告认为原告已经获得其所在公司的工伤赔偿,要求被告赔偿无据。一审法院认为原告虽获工伤赔偿,仍可要求致害的第三人即被告承担侵权赔偿责任。二审法院维持一审判决。

第五十七条 落实岗位安全责任和服从安全管理

从业人员在作业过程中,应当严格落实岗位安全责任,遵守本单位的安全生产规章制度和操作规程,服从管理,正确佩戴和使用劳动防护用品。

第五十八条 接受安全生产教育和培训义务

从业人员应当接受安全生产教育和培训,掌握本职工作所需的安全生产知识,提高安全生产技能,增强事故预防和应急处理能力。

第五十九条 事故隐患和不安全因素的报告义务

从业人员发现事故隐患或者其他不安全因素,应当立即向现场安全生产管理人员或者本单位负责人报告;接到报告的人员应当及时予以处理。

▶理解与适用

[从业人员的报告义务]

本条对从业人员发现事故隐患或者其他不安全因素规定了报告义务,符合职工参与安全生产工作的机制要求。其报告义务有两点要求:一是在发现事故隐患或者其他不安全因素后,应当立即报告,因为安全生产事故的特点之一是突发性,如果拖延报告,则使事故发生的可能性加大,发生了事故则更是悔之晚矣。二是接受报告的主体是现场安全生产管理人员或者本单位的负责人,以便对事故隐患或者其他不安全因素及时作出处理,避免事故的发生。接到报告的人员须及时进行处理,以防止有关人员延误消除事故隐患的时机。

第六十条　工会监督

工会有权对建设项目的安全设施与主体工程同时设计、同时施工、同时投入生产和使用进行监督，提出意见。

工会对生产经营单位违反安全生产法律、法规，侵犯从业人员合法权益的行为，有权要求纠正；发现生产经营单位违章指挥、强令冒险作业或者发现事故隐患时，有权提出解决的建议，生产经营单位应当及时研究答复；发现危及从业人员生命安全的情况时，有权向生产经营单位建议组织从业人员撤离危险场所，生产经营单位必须立即作出处理。

工会有权依法参加事故调查，向有关部门提出处理意见，并要求追究有关人员的责任。

第六十一条　被派遣劳动者的权利义务

生产经营单位使用被派遣劳动者的，被派遣劳动者享有本法规定的从业人员的权利，并应当履行本法规定的从业人员的义务。

▶理解与适用

被派遣劳动者是生产经营单位从业人员的重要组成部分。被派遣劳动者有权依法受到安全生产保障，享有从业人员相应的权利。被派遣劳动者应当履行安全生产职责，尽到安全生产防护、遵守安全规章制度等义务。

[用工单位的义务]

用工单位应当履行下列义务：（1）执行国家劳动标准，提供相应的劳动条件和劳动保护；（2）告知被派遣劳动者的工作要求和劳动报酬；（3）支付加班费、绩效奖金，提供与工作岗位相关的福利待遇；（4）对在岗被派遣劳动者进行工作岗位所必需的培训；（5）连续用工的，实行正常的工资调整机制。

用工单位不得将被派遣劳动者再派遣到其他用人单位。

▶条文参见

《劳动合同法》第62-64条；《劳动合同法实施条例》第29

条;《劳务派遣暂行规定》第 8-10 条

▶典型案例指引

上海珂帝纸品包装有限责任公司不服上海市人力资源和社会保障局责令补缴外来从业人员综合保险费案(《中华人民共和国最高人民法院公报》2013 年第 11 期)

案件适用要点:从事劳务派遣业务的单位应当依法登记设立。用人单位与未经工商注册登记、不具备劳务派遣经营资质的公司签订用工协议,与派遣人员形成事实劳动关系,应由用人单位依法为其缴纳综合保险费;用人单位与不具备缴费资格的主体的协议约定,不能免除其法定缴费义务。

第四章 安全生产的监督管理

第六十二条 安全生产监督检查

县级以上地方各级人民政府应当根据本行政区域内的安全生产状况,组织有关部门按照职责分工,对本行政区域内容易发生重大生产安全事故的生产经营单位进行严格检查。

应急管理部门应当按照分类分级监督管理的要求,制定安全生产年度监督检查计划,并按照年度监督检查计划进行监督检查,发现事故隐患,应当及时处理。

第六十三条 安全生产事项的审批、验收

负有安全生产监督管理职责的部门依照有关法律、法规的规定,对涉及安全生产的事项需要审查批准(包括批准、核准、许可、注册、认证、颁发证照等,下同)或者验收的,必须严格依照有关法律、法规和国家标准或者行业标准规定的安全生产条件和程序进行审查;不符合有关法律、法规和国家标准或者行业标准规定的安全生产条件的,不得批准或者验收通过。对未依法取得批准或者验收合格的单位擅自从

事有关活动的，负责行政审批的部门发现或者接到举报后应当立即予以取缔，并依法予以处理。对已经依法取得批准的单位，负责行政审批的部门发现其不再具备安全生产条件的，应当撤销原批准。

第六十四条 审批、验收的禁止性规定

负有安全生产监督管理职责的部门对涉及安全生产的事项进行审查、验收，不得收取费用；不得要求接受审查、验收的单位购买其指定品牌或者指定生产、销售单位的安全设备、器材或者其他产品。

▶条文参见

《煤矿安全监察条例》第 19 条；《建设工程安全生产管理条例》第 42 条

第六十五条 监督检查的职权范围

应急管理部门和其他负有安全生产监督管理职责的部门依法开展安全生产行政执法工作，对生产经营单位执行有关安全生产的法律、法规和国家标准或者行业标准的情况进行监督检查，行使以下职权：

（一）进入生产经营单位进行检查，调阅有关资料，向有关单位和人员了解情况；

（二）对检查中发现的安全生产违法行为，当场予以纠正或者要求限期改正；对依法应当给予行政处罚的行为，依照本法和其他有关法律、行政法规的规定作出行政处罚决定；

（三）对检查中发现的事故隐患，应当责令立即排除；重大事故隐患排除前或者排除过程中无法保证安全的，应当责令从危险区域内撤出作业人员，责令暂时停产停业或者停止使用相关设施、设备；重大事故隐患排除后，经审查同意，方可恢复生产经营和使用；

（四）对有根据认为不符合保障安全生产的国家标准或者行业标准的设施、设备、器材以及违法生产、储存、使用、经营、运输的危险物品予以查封或者扣押，对违法生产、储存、使用、经营危险物品的作业场所予以查封，并依法作出处理决定。

监督检查不得影响被检查单位的正常生产经营活动。

▶理解与适用

本条规定了应急管理部门和其他负有安全生产监督管理职责的部门开展安全生产行政执法的具体职权。应急管理部门等开展安全生产监督检查时，不得影响被检查单位的正常生产经营活动。

［监督检查权］

本条规定，在安全生产监督检查中，应急管理部门和其他负有安全生产监督管理职责的部门有以下权力：

1. 现场调查取证权。包括：（1）应急管理部门和其他负有安全生产监督管理职责的部门有权进入生产经营单位进行现场检查，被检查单位不得拒绝。（2）有权向被检查单位调阅与监督检查有关的资料。（3）向有关人员，包括被检查单位的负责人、有关的管理人员、技术人员和作业人员等了解相关的情况。

2. 现场处理权。包括：（1）应急管理部门和其他负有安全生产监督管理职责的部门，对监督检查中发现的安全生产违法行为，有权当场予以纠正或者要求限期改正。（2）责令排除事故隐患。（3）责令采取紧急避险措施权。（4）对检查中发现的违法行为，依照有关法律、法规的规定应当由应急管理部门和其他负有安全生产监督管理职责的部门予以处罚的，依法作出行政处罚的决定。

3. 采取查封或扣押行政强制措施权。负有安全生产监督管理职责的部门对有根据认为不符合保障安全生产的国家标准或者行业标准的设施、设备、器材以及违法生产、储存、使用、经营、运输的危险物品，有予以查封或者扣押的权力，对违法生产、储存、使用、经营危险物品的作业场所，有权予以查封。

▶典型案例指引

1. 刘卫平、刘胜杰、楚湘葵重大劳动安全事故、非法采矿、

单位行贿案（最高人民法院发布3起危害生产安全犯罪典型案例）

案件适用要点：安全生产许可证过期后从事生产经营活动，或者采用封闭矿井口、临时遣散工人等弄虚作假手段和行贿方法故意逃避、阻挠负有安全监督管理职责的部门实施监督检查的，均应当从重处罚。

2. 泸县桃子沟煤业公司、罗剑、李贞元、胡德友、徐英成非法储存爆炸物，罗剑、李贞元、胡德友、徐英成、谢胜良、姜大伦、陈天才、杨万平、卢德全、张长勇、陈远华、周明重大责任事故案（最高人民法院发布3起危害生产安全犯罪典型案例）

案件适用要点：被告人李贞元作为桃子沟煤业公司隐名股东和实际控制人之一，负责煤矿安全生产管理，应认定为重大责任事故罪的犯罪主体。被告人在煤矿技改扩建期间违规组织生产，不安装瓦斯监控系统及传感器等必要的安全监控和报警设备，采取不发放作业人员定位识别卡、检查前封闭巷道等弄虚作假手段故意逃避、阻挠负有安全监督管理职责的部门实施监督检查，应当从重处罚。

第六十六条 生产经营单位的配合义务

生产经营单位对负有安全生产监督管理职责的部门的监督检查人员（以下统称安全生产监督检查人员）依法履行监督检查职责，应当予以配合，不得拒绝、阻挠。

▶ **理解与适用**

[生产经营单位拒绝、阻挠依法实施监督检查时应承担的法律责任]

本条规定生产经营单位负有配合监督检查的义务，不得以任何形式拒绝或者阻挠安全生产监督检查人员依法履行监督检查职责。

根据本法第108条的规定，违反本法规定，生产经营单位拒绝、阻碍负有安全生产监督管理职责的部门依法实施监督检查的，责令改正；拒不改正的，处二万元以上二十万元以下的罚款；对其直接负责的主管人员和其他直接责任人员处一万元以上二万元以下的罚款；构成犯罪的，依照刑法有关规定追究刑事责任。

《刑法》第277条第1款规定，以暴力、威胁方法阻碍国家机关工作人员依法执行职务的，处三年以下有期徒刑、拘役、管制或者罚金。同时，对于阻碍国家机关工作人员依法执行职务的行为，可以按照《治安管理处罚法》第50条的有关规定给予治安管理处罚，即：处警告或者二百元以下罚款；情节严重的，处五日以上十日以下拘留，可以并处五百元以下罚款。

▶条文参见

《刑法》第277条；《治安管理处罚法》第50条

第六十七条　监督检查的要求

安全生产监督检查人员应当忠于职守，坚持原则，秉公执法。

安全生产监督检查人员执行监督检查任务时，必须出示有效的行政执法证件；对涉及被检查单位的技术秘密和业务秘密，应当为其保密。

▶理解与适用

本条对安全生产监督检查人员提出原则性要求。即应当忠于职守，坚持原则和秉公执法，这是安全生产监督检查人员必须时刻牢记的工作原则。安全生产监督检查人员执法时必须出示有效行政执法证件，这是监督检查时的法定程序要求。安全生产监督检查人员负有保密义务。

▶条文参见

《劳动法》第86条；《劳动合同法》第75条；《刑法》第219条

第六十八条　监督检查的记录与报告

安全生产监督检查人员应当将检查的时间、地点、内容、发现的问题及其处理情况，作出书面记录，并由检查人员和被检查单位的负责人签字；被检查单位的负责人拒绝签字的，检查人员应当将情况记录在案，并向负有安全生产监督管理职责的部门报告。

▶理解与适用

本条对安全生产监督检查人员进行检查时的记录作了规定。要求书面记录应当包括检查内容、发现的问题及处理情况等重要信息。

本条对被检查单位的负责人拒绝签字的情形作了特别规定。要求检查人员应当将情况记录在案，并向有关部门报告。

第六十九条　监督检查的配合

负有安全生产监督管理职责的部门在监督检查中，应当互相配合，实行联合检查；确需分别进行检查的，应当互通情况，发现存在的安全问题应当由其他有关部门进行处理的，应当及时移送其他有关部门并形成记录备查，接受移送的部门应当及时进行处理。

第七十条　强制停止生产经营活动

负有安全生产监督管理职责的部门依法对存在重大事故隐患的生产经营单位作出停产停业、停止施工、停止使用相关设施或者设备的决定，生产经营单位应当依法执行，及时消除事故隐患。生产经营单位拒不执行，有发生生产安全事故的现实危险的，在保证安全的前提下，经本部门主要负责人批准，负有安全生产监督管理职责的部门可以采取通知有关单位停止供电、停止供应民用爆炸物品等措施，强制生产经营单位履行决定。通知应当采用书面形式，有关单位应当予以配合。

负有安全生产监督管理职责的部门依照前款规定采取停止供电措施，除有危及生产安全的紧急情形外，应当提前二十四小时通知生产经营单位。生产经营单位依法履行行政决定、采取相应措施消除事故隐患的，负有安全生产监督管理职责的部门应当及时解除前款规定的措施。

▶理解与适用

本条第1款规定对存在重大事故隐患的生产经营单位，有关部门有权作出停产停业、停止施工、停止使用相关设施或者设备的决定。生产经营单位负有依法执行的义务,从而及时消除事故隐患。

本条第 2 款规定了采取停止供电措施的相关条件,目的避免给生产经营单位造成损害。生产经营单位按照行政决定经采取措施消除事故隐患后,有关部门应及时解除停止供电的措施,保障生产经营单位恢复生产。

[负有安全生产监督管理职责的部门在具体实施强制措施时的注意事项]

1. 严格实施条件

一是保证安全。负有安全生产监督管理职责的部门实施行政强制措施的过程中更要以保证安全,特别是从业人员的生命安全为前提。要充分考虑生产经营单位的生产特点和特殊要求,不能因突然采取停电等措施发生其他事故。在实施停止供应民用爆炸物品,特别是停止供电的强制措施的情况下,要严格遵守安全断电程序,以保障实现行政强制目的。

二是负有安全生产监督管理职责的部门依法对存在重大事故隐患的生产经营单位作出停产停业、停止施工、停止使用相关设施或者设备的决定。这里所称的决定,既包括依照本法第 65 条或者其他法律法规规定作出的责令暂时停产停业、停止使用相关设施设备的现场处理决定,也包括依照本法法律责任一章作出的责令停产停业整顿的行政决定。

三是生产经营单位拒不执行上述决定。

四是存在重大事故隐患,有发生生产安全事故的现实危险。这里所称的重大事故隐患,通常是指危害和整改难度较大,应当全部或者局部停产停业,并经过一定时间整改治理方能排除的隐患,或者因外部因素影响致使生产经营单位自身难以排除的隐患。这里所称的有发生生产安全事故的现实危险,是指现实存在的、紧迫的危险,如果这种危险持续存在,生产经营单位就可能随时发生事故。

2. 严格按照程序

一是经本部门主要负责人批准。本部分属于内部程序的限定,实施前必须要经过本部门主要负责人批准。这里所称的本部门主要负责人，一般是指负有安全生产监督管理职责的部门的正职负责人，也可以是主持工作的其他负责人。

二是通知要采用书面形式，这是本条实施的形式要件。为保证实施过程的公开、公正、可追溯，书面形式应为相应的行政执法文书。

三是采取停止供电的强制措施，应当提前二十四小时书面通知生产经营单位。这是对本条第 1 款的补充规定。如果遇有紧急情形的，负有安全生产监督管理职责的部门可以不提前二十四小时，甚至在不通知生产经营单位的情况下，直接依照本条第 1 款的规定要求供电企业停止供电。

3. 严格解除条件

一是生产经营单位依法履行行政决定。即生产经营单位已经按照负有安全生产监督管理职责的部门行政决定的要求，正确履行了停产停业、停止施工、停止使用相关设施设备的义务。

二是采取相应措施消除事故隐患。除了履行行政决定外，生产经营单位还必须采取措施消除事故隐患后，负有安全生产监督管理职责的部门才能解除行政强制措施。判断事故隐患是否已经被消除，依照本法第 65 条的规定，必须经负有安全生产监督管理职责的部门审查同意后，生产经营单位方可恢复生产经营或使用相关设施设备。

▶ **典型案例指引**

印华四、印华二、陆铭、张小学、孔维能、封正华重大责任事故案（最高人民法院发布 3 起危害生产安全犯罪典型案例）

案件适用要点：被告人明知金银煤矿已被当地政府作出严禁开展生产的行政决定，且矿井口已被依法查封的情况下，拒不执行停产监管决定，擅自组织生产，对事故隐患未采取任何措施，导致发生特大责任事故，应当从重处罚。被告人印华四、印华二作为金银煤矿投资人，虽然已将煤矿承包给他人，但二人仍负有管理职责，且安排人员担任煤矿安全管理人和技术人员，依法应当认定为重大责任事故罪的犯罪主体。

第七十一条 安全生产监察

监察机关依照监察法的规定,对负有安全生产监督管理职责的部门及其工作人员履行安全生产监督管理职责实施监察。

▶理解与适用

《监察法》第3条规定,各级监察委员会是行使国家监察职能的专责机关,依照本法对所有行使公权力的公职人员进行监察,调查职务违法和职务犯罪,开展廉政建设和反腐败工作。负有安全生产监督管理职责部门工作人员作为公职人员,理应尽职尽责地开展安全生产检查等,如果存在失职渎职等违法犯罪行为的,监察机关将依法行使监察职权。

第七十二条 中介机构的条件和责任

承担安全评价、认证、检测、检验职责的机构应当具备国家规定的资质条件,并对其作出的安全评价、认证、检测、检验结果的合法性、真实性负责。资质条件由国务院应急管理部门会同国务院有关部门制定。

承担安全评价、认证、检测、检验职责的机构应当建立并实施服务公开和报告公开制度,不得租借资质、挂靠、出具虚假报告。

▶理解与适用

[承担安全评价、认证、检测、检验职责的机构]

本条对承担安全评价、认证、检测、检验职责机构的法律义务作了规定。要求有关机构应当对所作结果的合法性、真实性负责。

本条明确承担安全评价、认证、检测、检验职责的机构的资质条件,由国务院应急管理部门会同国务院有关部门制定。

承担安全评价、认证、检测、检验职责的机构应当建立并实施服务公开和报告公开制度,增加以上机构服务透明度、报告公开度，便于加强监督管理。以上机构不将其资质租出或者借入，不得允许他人挂靠或者挂靠他人，更不得出具虚假报告。

第七十三条　安全生产举报制度

> 负有安全生产监督管理职责的部门应当建立举报制度，公开举报电话、信箱或者电子邮件地址等网络举报平台，受理有关安全生产的举报；受理的举报事项经调查核实后，应当形成书面材料；需要落实整改措施的，报经有关负责人签字并督促落实。对不属于本部门职责，需要由其他有关部门进行调查处理的，转交其他有关部门处理。
>
> 涉及人员死亡的举报事项，应当由县级以上人民政府组织核查处理。

▶理解与适用

［举报制度］

本条对举报制度作了规定。要求负有安全生产监督管理职责的部门建立举报制度，通过多种方式受理有关安全生产的举报，并调查核实和督促整改。有关部门发现安全生产举报应由其他部门调查处理的，须转交其他有关部门处理，不得置之不理。

涉及人员死亡的安全生产举报事项，通常较为严重，法律规定由县级以上人民政府核查处理。

第七十四条　违法举报和公益诉讼

> 任何单位或者个人对事故隐患或者安全生产违法行为，均有权向负有安全生产监督管理职责的部门报告或者举报。
>
> 因安全生产违法行为造成重大事故隐患或者导致重大事故，致使国家利益或者社会公共利益受到侵害的，人民检察院可以根据民事诉讼法、行政诉讼法的相关规定提起公益诉讼。

▶理解与适用

［生产经营单位从业人员安全生产举报］

根据《生产经营单位从业人员安全生产举报处理规定》，生产经营单位从业人员举报其所在单位的重大事故隐患、安全生产违法行为时，应当提供真实姓名以及真实有效的联系方式；否则，应急管理部门可以不予受理。

应急管理部门对受理的生产经营单位从业人员安全生产举报，以及信息员提供的线索，按照安全生产领域举报奖励有关规定核查属实的，应当给予举报人或者信息员现金奖励，奖励标准在安全生产领域举报奖励有关规定的基础上按照一定比例上浮，具体标准由各省级应急管理部门、财政部门根据本地实际情况确定。

因生产经营单位从业人员安全生产举报，或者信息员提供的线索直接避免了伤亡事故发生或者重大财产损失的，应急管理部门可以给予举报人或者信息员特殊奖励。

[公益诉讼]

此次安全生产法修改，增加了公益诉讼的规定，检察机关可以依法提起民事检察公益诉讼或者行政检察公益诉讼。

▶条文参见

《民事诉讼法》第58条；《最高人民法院关于适用〈中华人民共和国民事诉讼法〉的解释》第282-289条；《生产经营单位从业人员安全生产举报处理规定》；《安全生产领域举报奖励办法》

▶典型案例指引

1. 陕西省略阳县人民检察院督促整治尾矿库安全隐患行政公益诉讼案（最高人民检察院、应急管理部联合发布9件安全生产领域公益诉讼典型案例）

案件适用要点：检察机关针对高风险尾矿库未依法及时闭库，存在尾矿泄露、溃坝等重大安全隐患的问题，向行政机关发出诉前检察建议后，行政机关整改不到位，导致国家利益和社会公共利益仍处于受侵害状态的，检察机关可以依法提起行政公益诉讼，以刚性手段督促行政机关履职尽责、整改落实。

2. 江苏省泰州市人民检察院督促整治违法建设安全隐患行政公益诉讼案（最高人民检察院、应急管理部联合发布9件安全生产领域公益诉讼典型案例）

案件适用要点：检察机关针对大型商住楼楼顶存在大面积的

违法建设带来的安全隐患问题，委托专业机构出具安全隐患检查报告，通过制发诉前检察建议，督促相关行政机关依法积极履职，形成监管合力，并全程监督、协同行政机关拆除全部违法建设，切实维护人民群众生命财产安全。

3.安徽省蚌埠市禹会区人民检察院诉安徽省裕翔矿业商贸有限责任公司违规采矿民事公益诉讼案（最高人民检察院、应急管理部联合发布9件安全生产领域公益诉讼典型案例）

案件适用要点：检察机关针对违规采矿破坏生态环境资源并具有严重安全隐患等问题，发挥一体化办案优势，推动行政机关加强安全生产监管执法，及时介入事故调查处理，聘请专家勘查评估，并依法提起民事公益诉讼，推动涉案企业接受调解，并自愿开展治理修复工作，消除地质灾害隐患。

第七十五条 居委会、村委会的监督

居民委员会、村民委员会发现其所在区域内的生产经营单位存在事故隐患或者安全生产违法行为时，应当向当地人民政府或者有关部门报告。

第七十六条 举报奖励

县级以上各级人民政府及其有关部门对报告重大事故隐患或者举报安全生产违法行为的有功人员，给予奖励。具体奖励办法由国务院应急管理部门会同国务院财政部门制定。

▶ **理解与适用**

对安全生产违法行为的举报，对于做好安全生产工作发挥了积极作用。

[重大事故隐患和安全生产违法行为的举报奖励]

任何单位、组织和个人（以下统称举报人）有权向县级以上人民政府应急管理部门、其他负有安全生产监督管理职责的部门和各级煤矿安全监察机构（以下统称负有安全监管职责的部门）举报重大事故隐患和安全生产违法行为。负有安全监管职责的部

门开展举报奖励工作,应当遵循"合法举报、适当奖励、属地管理、分级负责"和"谁受理、谁奖励"的原则。

举报人举报的重大事故隐患和安全生产违法行为,属于生产经营单位和负有安全监管职责的部门没有发现,或者虽然发现但未按有关规定依法处理,经核查属实的,给予举报人现金奖励。具有安全生产管理、监管、监察职责的工作人员及其近亲属或其授意他人的举报不在奖励之列。

多人多次举报同一事项的,由最先受理举报的负有安全监管职责的部门给予有功的实名举报人一次性奖励。多人联名举报同一事项的,由实名举报的第一署名人或者第一署名人书面委托的其他署名人领取奖金。

举报人接到领奖通知后,应当在60日内凭举报人有效证件到指定地点领取奖金;无法通知举报人的,受理举报的负有安全监管职责的部门可以在一定范围内进行公告。逾期未领取奖金者,视为放弃领奖权利;能够说明理由的,可以适当延长领取时间。奖金的具体数额由负责核查处理举报事项的负有安全监管职责的部门根据具体情况确定,并报上一级负有安全监管职责的部门备案。

▶条文参见

《安全生产领域举报奖励办法》

第七十七条　舆论监督

新闻、出版、广播、电影、电视等单位有进行安全生产公益宣传教育的义务,有对违反安全生产法律、法规的行为进行舆论监督的权利。

第七十八条　安全生产违法行为信息库

负有安全生产监督管理职责的部门应当建立安全生产违法行为信息库,如实记录生产经营单位及其有关从业人员的安全生产违法行为信息;对违法行为情节严重的生产经营单位及其有关从业人员,应当及时向社会公告,并通报行业主管部门、投资主管部门、自然资源主管部门、生态环境主管部门、证券监督管理机构以及有关金融机构。有关部门和机构应当对存在失信行为的生产经营单位及其有关从业人员采取加大执法检查频次、暂停项目审批、上调有关保险费率、行业或者职业禁入等联合惩戒措施，并向社会公示。

负有安全生产监督管理职责的部门应当加强对生产经营单位行政处罚信息的及时归集、共享、应用和公开，对生产经营单位作出处罚决定后七个工作日内在监督管理部门公示系统予以公开曝光，强化对违法失信生产经营单位及其有关从业人员的社会监督，提高全社会安全生产诚信水平。

▶理解与适用

这次《安全生产法》修改，新增联合惩戒措施，并向社会公示。此外，还增加规定了生产经营单位行政处罚信息的公开曝光，强化社会监督，提高全社会安全生产诚信水平。

［联合惩戒对象］

生产经营单位及其有关人员存在下列失信行为之一的，纳入联合惩戒对象：（1）发生较大及以上生产安全责任事故，或1年内累计发生3起及以上造成人员死亡的一般生产安全责任事故的；（2）未按规定取得安全生产许可，擅自开展生产经营建设活动的；（3）发现重大生产安全事故隐患，或职业病危害严重超标，不及时整改，仍组织从业人员冒险作业的；（4）采取隐蔽、欺骗或阻碍等方式逃避、对抗安全监管监察的；（5）被责令停产停业整顿，仍然从事生产经营建设活动的；（6）瞒报、谎报、迟报生产安全事故的；（7）矿山、危险化学品、金属冶炼等高危行业建设项目安全设施未经验收合格即投入生产和使用的；（8）矿山生产经营单位存在超层越界开采、以探代采行为的；（9）发生事故后，故意破坏事故现场，伪造有关证据资料，妨碍、对抗事故调查，或主要负责人逃逸的；（10）安全生产和职业健康技术服务机构出具虚假报告或证明，违规转让或出借资质的。

［向社会公示］

联合惩戒信息，通过全国信用信息共享平台和全国企业信用信息公示系统向各有关部门通报，并在应急管理部的政府网站和《中国安全生产报》向社会公布。联合惩戒的期限为1年，自公布之日起计算。

第五章　生产安全事故的应急救援与调查处理

第七十九条　事故应急救援队伍与信息系统

国家加强生产安全事故应急能力建设，在重点行业、领域建立应急救援基地和应急救援队伍，并由国家安全生产应急救援机构统一协调指挥；鼓励生产经营单位和其他社会力量建立应急救援队伍，配备相应的应急救援装备和物资，提高应急救援的专业化水平。

国务院应急管理部门牵头建立全国统一的生产安全事故应急救援信息系统，国务院交通运输、住房和城乡建设、水利、民航等有关部门和县级以上地方人民政府建立健全相关行业、领域、地区的生产安全事故应急救援信息系统，实现互联互通、信息共享，通过推行网上安全信息采集、安全监管和监测预警，提升监管的精准化、智能化水平。

▶理解与适用

本条对应急能力建设作了专门规定。国家加强生产安全事故应急能力建设，相关救援力量由国家安全生产应急救援机构统一协调指挥；生产经营单位和其他社会力量也可以建立应急救援队伍，提高应急救援的专业化水平。

国务院应急管理部门牵头建立全国统一的生产安全事故应急救援信息系统，其他部门和县级以上地方人民政府建立健全相关救援信息系统，实现互联互通、信息共享，提升网上监督管理能力。

▶条文参见

《生产安全事故应急条例》

第八十条　事故应急救援预案与体系

县级以上地方各级人民政府应当组织有关部门制定本行政区域内生产安全事故应急救援预案，建立应急救援体系。

乡镇人民政府和街道办事处，以及开发区、工业园区、港区、风景区等应当制定相应的生产安全事故应急救援预案，协助人民政府有关部门或者按照授权依法履行生产安全事故应急救援工作职责。

▶理解与适用

［应急预案的管理］

应急预案的管理实行属地为主、分级负责、分类指导、综合协调、动态管理的原则。应急管理部负责全国应急预案的综合协调管理工作。国务院其他负有安全生产监督管理职责的部门在各自职责范围内，负责相关行业、领域应急预案的管理工作。

县级以上地方各级人民政府应急管理部门负责本行政区域内应急预案的综合协调管理工作。县级以上地方各级人民政府其他负有安全生产监督管理职责的部门按照各自的职责负责有关行业、领域应急预案的管理工作。

此次《安全生产法》修改，增加规定了本条第2款的内容，对乡镇人民政府和街道办事处，以及开发区、工业园区、港区、风景区等制定相关应急救援预案，履行应急救援职责提出了明确要求。

▶条文参见

《生产安全事故应急预案管理办法》

第八十一条　事故应急救援预案的制定与演练

生产经营单位应当制定本单位生产安全事故应急救援预案，与所在地县级以上地方人民政府组织制定的生产安全事故应急救援预案相衔接，并定期组织演练。

▶理解与适用

本条规定生产经营单位应当制定本单位生产安全事故应急救

援预案，同时要求与政府部门制定的相关预案相衔接，定期组织演练，提高应急救援的实战性。

[生产经营单位生产安全事故应急救援预案]

生产经营单位主要负责人负责组织编制和实施本单位的应急预案，并对应急预案的真实性和实用性负责；各分管负责人应当按照职责分工落实应急预案规定的职责。

生产经营单位应急预案分为综合应急预案、专项应急预案和现场处置方案。综合应急预案，是指生产经营单位为应对各种生产安全事故而制定的综合性工作方案，是本单位应对生产安全事故的总体工作程序、措施和应急预案体系的总纲。专项应急预案，是指生产经营单位为应对某一种或者多种类型生产安全事故，或者针对重要生产设施、重大危险源、重大活动防止生产安全事故而制定的专项性工作方案。现场处置方案，是指生产经营单位根据不同生产安全事故类型，针对具体场所、装置或者设施所制定的应急处置措施。

▶条文参见

《生产安全事故应急预案管理办法》

第八十二条　高危行业的应急救援要求

危险物品的生产、经营、储存单位以及矿山、金属冶炼、城市轨道交通运营、建筑施工单位应当建立应急救援组织；生产经营规模较小的，可以不建立应急救援组织，但应当指定兼职的应急救援人员。

危险物品的生产、经营、储存、运输单位以及矿山、金属冶炼、城市轨道交通运营、建筑施工单位应当配备必要的应急救援器材、设备和物资，并进行经常性维护、保养，保证正常运转。

▶理解与适用

本条对高危行业、领域建立应急救援组织作了规定，包括危险物品的生产、经营、储存单位以及矿山、金属冶炼、城市轨道交通运营、建筑施工单位。这些单位还应配备必要的应急救援器材、设备和物资，并做好维护、保养。

▶条文参见

《国务院办公厅关于印发国家城市轨道交通运营突发事件应急预案的通知》；《国务院关于预防煤矿生产安全事故的特别规定》；《矿山救援工作指导意见》

第八十三条　单位报告和组织抢救义务

> 生产经营单位发生生产安全事故后，事故现场有关人员应当立即报告本单位负责人。
> 　　单位负责人接到事故报告后，应当迅速采取有效措施，组织抢救，防止事故扩大，减少人员伤亡和财产损失，并按照国家有关规定立即如实报告当地负有安全生产监督管理职责的部门，不得隐瞒不报、谎报或者迟报，不得故意破坏事故现场、毁灭有关证据。

▶理解与适用

本条对生产经营单位发生事故的应急处置作了规定。要求事故现场人员立即报告本单位负责人，单位负责人应当迅速采取有效措施，开展组织抢救工作，并负有立即、如实报告义务，不得隐瞒不报、谎报或者迟报；并明确要求不得故意破坏事故现场、毁灭有关证据，掩盖事故情况。

[生产安全事故的等级]

根据生产安全事故（以下简称事故）造成的人员伤亡或者直接经济损失，事故一般分为以下等级：（1）特别重大事故，是指造成30人以上死亡，或者100人以上重伤（包括急性工业中毒，下同），或者1亿元以上直接经济损失的事故；（2）重大事故，是指造成10人以上30人以下死亡，或者50人以上100人以下重伤，或者5000万元以上1亿元以下直接经济损失的事故；（3）较大事故，是指造成3人以上10人以下死亡，或者10人以上50人以下重伤，或者1000万元以上5000万元以下直接经济损失的事故；（4）一般事故，是指造成3人以下死亡，或者10人以下重伤，或者1000万元以下直接经济损失的事故。

[生产安全事故的报告]

事故发生后,事故现场有关人员应当立即向本单位负责人报告;单位负责人接到报告后,应当于1小时内向事故发生地县级以上人民政府应急管理部门和负有安全生产监督管理职责的有关部门报告。情况紧急时,事故现场有关人员可以直接向事故发生地县级以上人民政府应急管理部门和负有安全生产监督管理职责的有关部门报告。

报告事故应当包括下列内容:(1)事故发生单位概况;(2)事故发生的时间、地点以及事故现场情况;(3)事故的简要经过;(4)事故已经造成或者可能造成的伤亡人数(包括下落不明的人数)和初步估计的直接经济损失;(5)已经采取的措施;(6)其他应当报告的情况。

▶条文参见

《生产安全事故报告和调查处理条例》第9、12、13、14、16条;《国务院关于特大安全事故行政责任追究的规定》第16条

▶典型案例指引

李发奎、李成奎、李向奎、苏正喜、苏强全、邓开兴非法买卖、储存爆炸物,非法采矿,重大劳动安全事故,不报安全事故,行贿案(《中华人民共和国最高人民法院公报》2012年第3期)

案件适用要点:被告等人在安全责任事故发生后,未向有关部门上报,自行组织人员盲目施救,造成次生矿难事故。为隐瞒事故,又安排将死亡人员的尸体转移火化,并封闭事故井口,拆毁、转移井架等设备,破坏井下及地面事故现场,销毁新立井账本和技术资料等,构成不报安全事故罪。

第八十四条 安全监管部门的事故报告

负有安全生产监督管理职责的部门接到事故报告后,应当立即按照国家有关规定上报事故情况。负有安全生产监督管理职责的部门和有关地方人民政府对事故情况不得隐瞒不报、谎报或者迟报。

▶ 理解与适用

[负有安全生产监督管理职责的部门上报事故情况]

应急管理部门和负有安全生产监督管理职责的有关部门接到事故报告后,应当依照下列规定上报事故情况,并通知公安机关、劳动保障行政部门、工会和人民检察院:(1)特别重大事故、重大事故逐级上报至国务院应急管理部门和负有安全生产监督管理职责的有关部门;(2)较大事故逐级上报至省、自治区、直辖市人民政府应急管理部门和负有安全生产监督管理职责的有关部门;(3)一般事故上报至设区的市级人民政府应急管理部门和负有安全生产监督管理职责的有关部门。

应急管理部门和负有安全生产监督管理职责的有关部门依照上述规定上报事故情况,应当同时报告本级人民政府。国务院应急管理部门和负有安全生产监督管理职责的有关部门以及省级人民政府接到发生特别重大事故、重大事故的报告后,应当立即报告国务院。必要时,应急管理部门和负有安全生产监督管理职责的有关部门可以越级上报事故情况。

应急管理部门和负有安全生产监督管理职责的有关部门逐级上报事故情况,每级上报的时间不得超过2小时。

▶ 条文参见

《生产安全事故报告和调查处理条例》

第八十五条 事故抢救

有关地方人民政府和负有安全生产监督管理职责的部门的负责人接到生产安全事故报告后,应当按照生产安全事故应急救援预案的要求立即赶到事故现场,组织事故抢救。

参与事故抢救的部门和单位应当服从统一指挥,加强协同联动,采取有效的应急救援措施,并根据事故救援的需要采取警戒、疏散等措施,防止事故扩大和次生灾害的发生,减少人员伤亡和财产损失。

事故抢救过程中应当采取必要措施,避免或者减少对环境造成的危害。

> 任何单位和个人都应当支持、配合事故抢救，并提供一切便利条件。

第八十六条　事故调查处理

　　事故调查处理应当按照科学严谨、依法依规、实事求是、注重实效的原则，及时、准确地查清事故原因，查明事故性质和责任，评估应急处置工作，总结事故教训，提出整改措施，并对事故责任单位和人员提出处理建议。事故调查报告应当依法及时向社会公布。事故调查和处理的具体办法由国务院制定。

　　事故发生单位应当及时全面落实整改措施，负有安全生产监督管理职责的部门应当加强监督检查。

　　负责事故调查处理的国务院有关部门和地方人民政府应当在批复事故调查报告后一年内，组织有关部门对事故整改和防范措施落实情况进行评估，并及时向社会公开评估结果；对不履行职责导致事故整改和防范措施没有落实的有关单位和人员，应当按照有关规定追究责任。

▶理解与适用

［生产安全事故调查］

（1）事故调查原则。事故调查关系事故原因的查明，也关系后续相关责任的追究。事故调查需以事实为依据，按照科学严谨、依法依规、实事求是、注重实效的原则，及时、准确地查清事故原因，查明事故性质和责任。

（2）事故调查处理。事故调查时，应注重总结事故教训，提出整改措施，避免类似事故的发生；同时，对事故责任单位和人员提出处理建议。

（3）事后调查公布。事故调查后，应当依法及时向社会公布，保障社会公众的知情权和监督权，接受社会监督。

（4）事故整改措施的落实。这次安全生产法修改，增加规定负责事故调查处理的国务院有关部门和地方人民政府应当在批复事故调查报告后一年内,组织有关部门对事故整改和防范措施落实情况进行评估,并及时向社会公开评估结果,更加注重事后整改措施的落实。

▶条文参见

《生产安全事故报告和事故处理条例》第 19 – 34 条

第八十七条　责任追究

生产经营单位发生生产安全事故,经调查确定为责任事故的,除了应当查明事故单位的责任并依法予以追究外,还应当查明对安全生产的有关事项负有审查批准和监督职责的行政部门的责任,对有失职、渎职行为的,依照本法第九十条的规定追究法律责任。

第八十八条　事故调查处理不得干涉

任何单位和个人不得阻挠和干涉对事故的依法调查处理。

第八十九条　事故定期统计分析和定期公布制度

县级以上地方各级人民政府应急管理部门应当定期统计分析本行政区域内发生生产安全事故的情况,并定期向社会公布。

第六章　法律责任

第九十条　监管部门工作人员违法责任

负有安全生产监督管理职责的部门的工作人员,有下列行为之一的,给予降级或者撤职的处分;构成犯罪的,依照刑法有关规定追究刑事责任:

（一）对不符合法定安全生产条件的涉及安全生产的事项予以批准或者验收通过的；

（二）发现未依法取得批准、验收的单位擅自从事有关活动或者接到举报后不予取缔或者不依法予以处理的；

（三）对已经依法取得批准的单位不履行监督管理职责，发现其不再具备安全生产条件而不撤销原批准或者发现安全生产违法行为不予查处的；

（四）在监督检查中发现重大事故隐患，不依法及时处理的。

负有安全生产监督管理职责的部门的工作人员有前款规定以外的滥用职权、玩忽职守、徇私舞弊行为的，依法给予处分；构成犯罪的，依照刑法有关规定追究刑事责任。

▶理解与适用

第1款规定负有安全生产监督管理职责的部门工作人员的法律责任，列举了给予降级或者撤职处分、追究刑事责任的具体情形。

第2款规定有关人员存在其他滥用职权、玩忽职守、徇私舞弊行为的，依法给予处分，追究刑事责任。"滥用职权罪"，是指国家机关工作人员超越职权，违法决定、处理其无权决定、处理的事项，或者违反规定处理公务，致使公共财产、国家和人民利益遭受重大损失的犯罪。"玩忽职守罪"，是指国家机关工作人员严重不负责任，不履行或者不认真履行其职责，致使公共财产、国家和人民利益遭受重大损失的犯罪。

▶条文参见

《刑法》第397条

第九十一条　监管部门违法责任

负有安全生产监督管理职责的部门，要求被审查、验收的单位购买其指定的安全设备、器材或者其他产品的，在对安全生产事项的审查、验收中收取费用的，由其上级机关或者监察机关责令改正，责令退还收取的费用；情节严重的，对直接负责的主管人员和其他直接责任人员依法给予处分。

第九十二条 中介机构违法责任

承担安全评价、认证、检测、检验职责的机构出具失实报告的，责令停业整顿，并处三万元以上十万元以下的罚款；给他人造成损害的，依法承担赔偿责任。

承担安全评价、认证、检测、检验职责的机构租借资质、挂靠、出具虚假报告的，没收违法所得；违法所得在十万元以上的，并处违法所得二倍以上五倍以下的罚款，没有违法所得或者违法所得不足十万元的，单处或者并处十万元以上二十万元以下的罚款；对其直接负责的主管人员和其他直接责任人员处五万元以上十万元以下的罚款；给他人造成损害的，与生产经营单位承担连带赔偿责任；构成犯罪的，依照刑法有关规定追究刑事责任。

对有前款违法行为的机构及其直接责任人员，吊销其相应资质和资格，五年内不得从事安全评价、认证、检测、检验等工作；情节严重的，实行终身行业和职业禁入。

▶ 理解与适用

本法第72条规定了承担安全评价、认证、检测、检验职责的机构的法律义务，本条规定了相应的法律责任。

承担安全评价、认证、检测、检验职责的机构出具失实报告的，责令停业整顿，并处罚款；给他人造成损害的，依法承担赔偿责任。

承担安全评价、认证、检测、检验职责的机构租借资质、挂靠、出具虚假报告的，没收违法所得；给他人造成损害的，与生产经营单位承担连带赔偿责任；构成犯罪的，依照刑法有关规定追究刑事责任。

承担安全评价、认证、检测、检验职责的机构租借资质、挂靠、出具虚假报告的，对机构及其直接责任人员，吊销其相应资质和资格，五年内不得从事安全评价、认证、检测、检验等工作；情节严重的，实行终身行业和职业禁入。

▶条文参见

《安全评价检测检验机构管理办法》

第九十三条 资金投入违法责任

生产经营单位的决策机构、主要负责人或者个人经营的投资人不依照本法规定保证安全生产所必需的资金投入,致使生产经营单位不具备安全生产条件的,责令限期改正,提供必需的资金;逾期未改正的,责令生产经营单位停产停业整顿。

有前款违法行为,导致发生生产安全事故的,对生产经营单位的主要负责人给予撤职处分,对个人经营的投资人处二万元以上二十万元以下的罚款;构成犯罪的,依照刑法有关规定追究刑事责任。

▶理解与适用

本法第23条对生产经营单位应当具备的安全生产条件所必需的资金投入作了规定,要求由生产经营单位的决策机构、主要负责人或者个人经营的投资人予以保证,并对由于安全生产所必需的资金投入不足导致的后果承担责任。本条规定了相应法律责任。

第九十四条 单位主要负责人违法责任

生产经营单位的主要负责人未履行本法规定的安全生产管理职责的,责令限期改正,处二万元以上五万元以下的罚款;逾期未改正的,处五万元以上十万元以下的罚款,责令生产经营单位停产停业整顿。

生产经营单位的主要负责人有前款违法行为,导致发生生产安全事故的,给予撤职处分;构成犯罪的,依照刑法有关规定追究刑事责任。

生产经营单位的主要负责人依照前款规定受刑事处罚或者撤职处分的,自刑罚执行完毕或者受处分之日起,五年内不得担任任何生产经营单位的主要负责人;对重大、特别重大生产安全事故负有责任的,终身不得担任本行业生产经营单位的主要负责人。

▶理解与适用

本法第21条规定了生产经营单位的主要负责人职责。生产经营单位的主要负责人是否履行职责，对本单位的安全生产至关重要，本条规定了相应的法律责任。

生产经营单位的主要负责人未履行本法规定的安全生产管理职责的，责令限期改正，并处罚款；逾期未改正的，并处罚款，责令生产经营单位停产停业整顿。

生产经营单位的主要负责人因未履行职责导致生产安全事故发生的，给予撤职处分；构成犯罪的，依照刑法有关规定追究刑事责任。

生产经营单位的主要负责人因未履行职责导致生产安全事故发生，受刑事处罚或者撤职处分的，还将受相应职业禁止处罚。

▶条文参见

《刑法》第134条

▶典型案例指引

邵仲国诉黄浦区安监局安全生产行政处罚决定案（《中华人民共和国最高人民法院公报》2006年第8期）

案件适用要点：《安全生产法》第81条[①]第2款所说的"违法行为"，是指第1款中"未履行本法规定的安全生产管理职责"行为。安全生产监管部门的职责，是对辖区内各生产经营单位的安全生产工作进行监督管理，以落实《安全生产法》的规定。《安全生产法》颁布施行后，每一个生产经营单位都有自觉遵守执行的义务，并非只有在安全生产监管部门的监督管理下，生产经营单位才有执行《安全生产法》的义务；安全生产监管部门的监督管理不及时或者不到位，也不能因此免除生产经营单位的这种义务。原告认为，对其"未履行本法规定的安全生产管理职责"的违法行为，黄浦区安监局只有先行责令限期改正后才能再对其实施处罚，是对《安全生产法》第81条的误解。

---

① 参见第94条。

第九十五条　对单位主要负责人罚款

生产经营单位的主要负责人未履行本法规定的安全生产管理职责，导致发生生产安全事故的，由应急管理部门依照下列规定处以罚款：

（一）发生一般事故的，处上一年年收入百分之四十的罚款；

（二）发生较大事故的，处上一年年收入百分之六十的罚款；

（三）发生重大事故的，处上一年年收入百分之八十的罚款；

（四）发生特别重大事故的，处上一年年收入百分之一百的罚款。

第九十六条　单位安全生产管理人员违法责任

生产经营单位的其他负责人和安全生产管理人员未履行本法规定的安全生产管理职责的，责令限期改正，处一万元以上三万元以下的罚款；导致发生生产安全事故的，暂停或者吊销其与安全生产有关的资格，并处上一年年收入百分之二十以上百分之五十以下的罚款；构成犯罪的，依照刑法有关规定追究刑事责任。

▶理解与适用

本法第25条规定了生产经营单位的安全生产管理机构以及安全生产管理人员的职责。除生产经营单位主要负责人外，生产经营单位的其他负责人和安全生产管理人员未履行本法规定的安全生产管理职责的，责令限期改正，并处罚款。如果导致发生生产安全事故的，还将暂停或者吊销其与安全生产有关的资格，并处上一年年收入百分之二十以上百分之五十以下的罚款；构成犯罪的，依照刑法有关规定追究刑事责任。

▶条文参见

《刑法》第 134 条

▶典型案例指引

1. 岳超胜、谢荣仁重大责任事故案（《中华人民共和国最高人民法院公报》2012 年第 3 期）

案件适用要点： 被告人岳超胜作为矿长，多次拒不执行煤矿监察部门停产整改指令，组织违法生产，对违章作业监管不力，在发生煤与瓦斯突出事故后，现场指挥中未下令切断瓦斯突出波及的二水平区域电源，造成特别重大事故，后果特别严重；被告人谢荣仁作为主管"一通三防"副矿长，拒不执行煤矿监察部门停产整改指令而违法生产，在违法生产中，多次不履行打超前钻探、排除安全隐患职责，发生煤与瓦斯突出事故后，现场指挥中未下令切断瓦斯突出波及的二水平区域电源，造成特别重大事故，后果特别严重。二人均构成重大责任事故罪，且依法应从重处罚。

2. 程国义、王金元、谷晋生、王恒茂玩忽职守案（《中华人民共和国最高人民法院公报》1986 年第 4 期）

案件适用要点： 被告人程国义身为副矿长、机组验收投产领导组成员、机组项目负责人，在接到"建议矿领导研究对已到矿机组采取必要的防范措施"的书面建议后未引起重视，亦未采取安全防范措施。被告人王金元，身为矿党总支书记，主持全矿工作，既不召开会议研究安全防范措施，也不对职工进行安全防范教育。被告人谷晋生，身为分管生产技术的副局长，对机组存放的安全防范工作，不督促，不检查，也未到现场察看。被告人王恒茂，身为区政府主管工业的副区长，从机组到矿直至被烧，没有提过任何具体安全防范要求，更没有到现场检查。四被告人身为国家工作人员，对用巨资引进的采煤机组的存放、保管、安全防范工作，采取极不负责的态度，以致酿成机组大部分设备被烧毁的特大火灾事故，致使公共财产遭受重大损失，构成《刑法》规定的玩忽职守罪。

第九十七条　生产经营单位安全管理违法责任（一）

生产经营单位有下列行为之一的，责令限期改正，处十万元以下的罚款；逾期未改正的，责令停产停业整顿，并处十万元以上二十万元以下的罚款，对其直接负责的主管人员和其他直接责任人员处二万元以上五万元以下的罚款：

（一）未按照规定设置安全生产管理机构或者配备安全生产管理人员、注册安全工程师的；

（二）危险物品的生产、经营、储存、装卸单位以及矿山、金属冶炼、建筑施工、运输单位的主要负责人和安全生产管理人员未按照规定经考核合格的；

（三）未按照规定对从业人员、被派遣劳动者、实习学生进行安全生产教育和培训，或者未按照规定如实告知有关的安全生产事项的；

（四）未如实记录安全生产教育和培训情况的；

（五）未将事故隐患排查治理情况如实记录或者未向从业人员通报的；

（六）未按照规定制定生产安全事故应急救援预案或者未定期组织演练的；

（七）特种作业人员未按照规定经专门的安全作业培训并取得相应资格，上岗作业的。

▶理解与适用

生产经营单位是生产安全责任的承担主体，本法第25条、第27条、第41条、第44条、第81条对生产经营单位的生产安全职责作了详细规定。本条对生产经营单位存在相关行为之一的，规定责令限期改正，纠正生产经营单位违法违规行为；逾期未改正的，将责令停产停业整顿，对单位及其直接负责的主管人员和其他直接责任人员处以罚款。

第九十八条 建设项目违法责任

生产经营单位有下列行为之一的，责令停止建设或者停产停业整顿，限期改正，并处十万元以上五十万元以下的罚款，对其直接负责的主管人员和其他直接责任人员处二万元以上五万元以下的罚款；逾期未改正的，处五十万元以上一百万元以下的罚款，对其直接负责的主管人员和其他直接责任人员处五万元以上十万元以下的罚款；构成犯罪的，依照刑法有关规定追究刑事责任：

（一）未按照规定对矿山、金属冶炼建设项目或者用于生产、储存、装卸危险物品的建设项目进行安全评价的；

（二）矿山、金属冶炼建设项目或者用于生产、储存、装卸危险物品的建设项目没有安全设施设计或者安全设施设计未按照规定报经有关部门审查同意的；

（三）矿山、金属冶炼建设项目或者用于生产、储存、装卸危险物品的建设项目的施工单位未按照批准的安全设施设计施工的；

（四）矿山、金属冶炼建设项目或者用于生产、储存、装卸危险物品的建设项目竣工投入生产或者使用前，安全设施未经验收合格的。

第九十九条 生产经营单位安全管理违法责任（二）

生产经营单位有下列行为之一的，责令限期改正，处五万元以下的罚款；逾期未改正的，处五万元以上二十万元以下的罚款，对其直接负责的主管人员和其他直接责任人员处一万元以上二万元以下的罚款；情节严重的，责令停产停业整顿；构成犯罪的，依照刑法有关规定追究刑事责任：

（一）未在有较大危险因素的生产经营场所和有关设施、设备上设置明显的安全警示标志的；

（二）安全设备的安装、使用、检测、改造和报废不符合国家标准或者行业标准的；

（三）未对安全设备进行经常性维护、保养和定期检测的；

（四）关闭、破坏直接关系生产安全的监控、报警、防护、救生设备、设施，或者篡改、隐瞒、销毁其相关数据、信息的；

（五）未为从业人员提供符合国家标准或者行业标准的劳动防护用品的；

（六）危险物品的容器、运输工具，以及涉及人身安全、危险性较大的海洋石油开采特种设备和矿山井下特种设备未经具有专业资质的机构检测、检验合格，取得安全使用证或者安全标志，投入使用的；

（七）使用应当淘汰的危及生产安全的工艺、设备的；

（八）餐饮等行业的生产经营单位使用燃气未安装可燃气体报警装置的。

▶理解与适用

本法第35条至38条和第48条，规定了生产经营单位的法定责任和义务，本条相应规定了法律责任。为在监督管理上做好《安全生产法》与《刑法修正案（十一）》关于危险作业罪规定的衔接，增加规定了"关闭、破坏直接关系生产安全的监控、报警、防护、救生设备、设施，或者篡改、隐瞒、销毁其相关数据、信息"行为的处罚责任；针对餐饮等行业的生产经营单位使用燃气隐患突出问题，增加规定餐饮等行业的生产经营单位使用燃气未安装可燃气体报警装置的法律责任。

根据《应急管理部关于加强安全生产执法工作的意见》的规定，要密切行刑衔接。严格贯彻实施《刑法修正案（十一）》，加大危险作业行为刑事责任追究力度。发现在生产、作业中有关闭、破坏直接关系生产安全的设备设施，或篡改、隐瞒、销毁其相关数据信息，或未经依法批准或许可擅自从事高度危险的生产作业活动等违反有关安全管理规定的情形，具有导致重大伤亡事故或者其他严重后果的现实危险行为，各级应急管理部门及消防救援机构要按照《安全生产行政执法与刑事司法衔接工作办法》（应急〔2019〕54号），及时移送司法机关，依法追究刑事责任，不得以行政处罚代替移送，坚决纠正有案不送、以罚代刑等问题。对其他涉及刑事责任的违法行为，按照有关法律法规和程序，及时移交查办。

▶条文参见

《刑法》第134条之一

第一百条　违法经营危险物品

未经依法批准，擅自生产、经营、运输、储存、使用危险物品或者处置废弃危险物品的，依照有关危险物品安全管理的法律、行政法规的规定予以处罚；构成犯罪的，依照刑法有关规定追究刑事责任。

第一百零一条　生产经营单位安全管理违法责任（三）

生产经营单位有下列行为之一的，责令限期改正，处十万元以下的罚款；逾期未改正的，责令停产停业整顿，并处十万元以上二十万元以下的罚款，对其直接负责的主管人员和其他直接责任人员处二万元以上五万元以下的罚款；构成犯罪的，依照刑法有关规定追究刑事责任：

（一）生产、经营、运输、储存、使用危险物品或者处置废弃危险物品，未建立专门安全管理制度、未采取可靠的安全措施的；

（二）对重大危险源未登记建档，未进行定期检测、评估、监控，未制定应急预案，或者未告知应急措施的；

（三）进行爆破、吊装、动火、临时用电以及国务院应急管理部门会同国务院有关部门规定的其他危险作业，未安排专门人员进行现场安全管理的；

（四）未建立安全风险分级管控制度或者未按照安全风险分级采取相应管控措施的；

（五）未建立事故隐患排查治理制度，或者重大事故隐患排查治理情况未按照规定报告的。

第一百零二条　未采取措施消除事故隐患违法责任

生产经营单位未采取措施消除事故隐患的，责令立即消除或者限期消除，处五万元以下的罚款；生产经营单位拒不执行的，责令停产停业整顿，对其直接负责的主管人员和其他直接责任人员处五万元以上十万元以下的罚款；构成犯罪的，依照刑法有关规定追究刑事责任。

▶理解与适用

生产经营单位应当建立安全风险分级管控制度，按照安全风险分级采取相应的管控措施，及时发现并消除事故隐患。生产经营单位未采取措施消除事故隐患的，将承担相应的法律责任。

《刑法》第134条之一规定了危险作业罪。该条第2项"因存在重大事故隐患被依法责令停产停业、停止施工、停止使用有关设备、设施、场所或者立即采取排除危险的整改措施，而拒不执行的"。这是本条危险作业犯罪的核心条款。本项规定可以涵盖安全生产领域各类违反规定的行为，同时本条在标准条件上又是极为严格的：第一，存在重大事故隐患；第二，经监管部门责令整改；第三，拒不整改。这一构成犯罪的条件是递进的。本项规定实际上要求附加行政部门前置处罚的规定，给予监管部门强有力刑法手段的同时，促使监管部门履职到位。这样既控制了处罚范围，又适应了实践情况和加强安全生产监管的实际需要。

第一百零三条　违法发包、出租和违反项目安全管理的法律责任

生产经营单位将生产经营项目、场所、设备发包或者出租给不具备安全生产条件或者相应资质的单位或者个人的，责令限期改正，没收违法所得；违法所得十万元以上的，并处违法所得二倍以上五倍以下的罚款；没有违法所得或者违法所得不足十万元的，单处或者并处十万元以上二十万元以下的罚款；对其直接负责的主管人员和其他直接责任人员处一万元以上二万元以下的罚款；导致发生生产安全事故给他

人造成损害的，与承包方、承租方承担连带赔偿责任。

生产经营单位未与承包单位、承租单位签订专门的安全生产管理协议或者未在承包合同、租赁合同中明确各自的安全生产管理职责，或者未对承包单位、承租单位的安全生产统一协调、管理的，责令限期改正，处五万元以下的罚款，对其直接负责的主管人员和其他直接责任人员处一万元以下的罚款；逾期未改正的，责令停产停业整顿。

矿山、金属冶炼建设项目和用于生产、储存、装卸危险物品的建设项目的施工单位未按照规定对施工项目进行安全管理的，责令限期改正，处十万元以下的罚款，对其直接负责的主管人员和其他直接责任人员处二万元以下的罚款；逾期未改正的，责令停产停业整顿。以上施工单位倒卖、出租、出借、挂靠或者以其他形式非法转让施工资质的，责令停产停业整顿，吊销资质证书，没收违法所得；违法所得十万元以上的，并处违法所得二倍以上五倍以下的罚款，没有违法所得或者违法所得不足十万元的，单处或者并处十万元以上二十万元以下的罚款；对其直接负责的主管人员和其他直接责任人员处五万元以上十万元以下的罚款；构成犯罪的，依照刑法有关规定追究刑事责任。

▶ **条文参见**
《建筑法》第65、67条

▶ **典型案例指引**
张成兵与上海市松江区人力资源和社会保障局工伤认定行政上诉案（2014年8月21日《最高人民法院发布的四起工伤保险行政纠纷典型案例》）

案件适用要点：根据劳社部发〔2005〕12号《劳动和社会保障部关于确立劳动关系有关事项的通知》第四条规定，建筑施工、矿山企业等用人单位将工程（业务）或经营权发包给不具备用工主体资格的组织或自然人，对该组织或自然人招用的劳动者，由具备用工主体资格的发包方承担用工主体责任。

85

第一百零四条　同一作业区域安全管理违法责任

两个以上生产经营单位在同一作业区域内进行可能危及对方安全生产的生产经营活动，未签订安全生产管理协议或者未指定专职安全生产管理人员进行安全检查与协调的，责令限期改正，处五万元以下的罚款，对其直接负责的主管人员和其他直接责任人员处一万元以下的罚款；逾期未改正的，责令停产停业。

第一百零五条　生产经营场所和员工宿舍违法责任

生产经营单位有下列行为之一的，责令限期改正，处五万元以下的罚款，对其直接负责的主管人员和其他直接责任人员处一万元以下的罚款；逾期未改正的，责令停产停业整顿；构成犯罪的，依照刑法有关规定追究刑事责任：

（一）生产、经营、储存、使用危险物品的车间、商店、仓库与员工宿舍在同一座建筑内，或者与员工宿舍的距离不符合安全要求的；

（二）生产经营场所和员工宿舍未设有符合紧急疏散需要、标志明显、保持畅通的出口、疏散通道，或者占用、锁闭、封堵生产经营场所或者员工宿舍出口、疏散通道的。

第一百零六条　免责协议违法责任

生产经营单位与从业人员订立协议，免除或者减轻其对从业人员因生产安全事故伤亡依法应承担的责任，该协议无效；对生产经营单位的主要负责人、个人经营的投资人处二万元以上十万元以下的罚款。

第一百零七条　从业人员违章操作的法律责任

生产经营单位的从业人员不落实岗位安全责任,不服从管理,违反安全生产规章制度或者操作规程的,由生产经营单位给予批评教育,依照有关规章制度给予处分;构成犯罪的,依照刑法有关规定追究刑事责任。

第一百零八条　生产经营单位不服从监督检查违法责任

违反本法规定,生产经营单位拒绝、阻碍负有安全生产监督管理职责的部门依法实施监督检查的,责令改正;拒不改正的,处二万元以上二十万元以下的罚款;对其直接负责的主管人员和其他直接责任人员处一万元以上二万元以下的罚款;构成犯罪的,依照刑法有关规定追究刑事责任。

第一百零九条　未投保安全生产责任保险的违法责任

高危行业、领域的生产经营单位未按照国家规定投保安全生产责任保险的,责令限期改正,处五万元以上十万元以下的罚款;逾期未改正的,处十万元以上二十万元以下的罚款。

第一百一十条　单位主要负责人事故处理违法责任

生产经营单位的主要负责人在本单位发生生产安全事故时,不立即组织抢救或者在事故调查处理期间擅离职守或者逃匿的,给予降级、撤职的处分,并由应急管理部门处上一年年收入百分之六十至百分之一百的罚款;对逃匿的处十五日以下拘留;构成犯罪的,依照刑法有关规定追究刑事责任。

生产经营单位的主要负责人对生产安全事故隐瞒不报、谎报或者迟报的,依照前款规定处罚。

▶ **典型案例指引**

黄某某等人重大责任事故、谎报安全事故案（检例第96号）

案件适用要点：检察机关要充分运用行政执法和刑事司法衔接工作机制，通过积极履职，加强对线索移送和立案的法律监督。认定谎报安全事故罪，要重点审查谎报行为与贻误事故抢救结果之间的因果关系。对同时构成重大责任事故罪和谎报安全事故罪的，应当数罪并罚。应注重督促涉事单位或有关部门及时赔偿被害人损失，有效化解社会矛盾。安全生产事故涉及生态环境污染等公益损害的，刑事检察部门要和公益诉讼检察部门加强协作配合，督促协同行政监管部门，统筹运用法律、行政、经济等手段严格落实企业主体责任，修复受损公益，防控安全风险。

第一百一十一条　政府部门未按规定报告事故违法责任

有关地方人民政府、负有安全生产监督管理职责的部门，对生产安全事故隐瞒不报、谎报或者迟报的，对直接负责的主管人员和其他直接责任人员依法给予处分；构成犯罪的，依照刑法有关规定追究刑事责任。

第一百一十二条　按日连续处罚

生产经营单位违反本法规定，被责令改正且受到罚款处罚，拒不改正的，负有安全生产监督管理职责的部门可以自作出责令改正之日的次日起，按照原处罚数额按日连续处罚。

▶ **理解与适用**

针对"屡禁不止、屡罚不改"的现象，本次安全生产法修改规定了按日连续处罚制度。适用该制度的法定条件是：（1）违反本法规定；（2）被责令改正且受到罚款处罚；（3）拒不改正。连续处罚的起算日期可以是负有安全生产监督管理职责的部门自作出责令改正之日的次日。

第一百一十三条　生产经营单位安全管理违法责任（四）

生产经营单位存在下列情形之一的，负有安全生产监督管理职责的部门应当提请地方人民政府予以关闭，有关部门应当依法吊销其有关证照。生产经营单位主要负责人五年内不得担任任何生产经营单位的主要负责人；情节严重的，终身不得担任本行业生产经营单位的主要负责人：

（一）存在重大事故隐患，一百八十日内三次或者一年内四次受到本法规定的行政处罚的；

（二）经停产停业整顿，仍不具备法律、行政法规和国家标准或者行业标准规定的安全生产条件的；

（三）不具备法律、行政法规和国家标准或者行业标准规定的安全生产条件，导致发生重大、特别重大生产安全事故的；

（四）拒不执行负有安全生产监督管理职责的部门作出的停产停业整顿决定的。

第一百一十四条　对事故责任单位罚款

发生生产安全事故，对负有责任的生产经营单位除要求其依法承担相应的赔偿等责任外，由应急管理部门依照下列规定处以罚款：

（一）发生一般事故的，处三十万元以上一百万元以下的罚款；

（二）发生较大事故的，处一百万元以上二百万元以下的罚款；

（三）发生重大事故的，处二百万元以上一千万元以下的罚款；

（四）发生特别重大事故的，处一千万元以上二千万元以下的罚款。

发生生产安全事故，情节特别严重、影响特别恶劣的，应急管理部门可以按照前款罚款数额的二倍以上五倍以下对负有责任的生产经营单位处以罚款。

第一百一十五条　行政处罚决定机关

本法规定的行政处罚，由应急管理部门和其他负有安全生产监督管理职责的部门按照职责分工决定；其中，根据本法第九十五条、第一百一十条、第一百一十四条的规定应当给予民航、铁路、电力行业的生产经营单位及其主要负责人行政处罚的，也可以由主管的负有安全生产监督管理职责的部门进行处罚。予以关闭的行政处罚，由负有安全生产监督管理职责的部门报请县级以上人民政府按照国务院规定的权限决定；给予拘留的行政处罚，由公安机关依照治安管理处罚的规定决定。

▶理解与适用

本条规定了行政处罚决定的作出主体。即由应急管理部门和其他负有安全生产监督管理职责的部门按照职责分工决定；给予民航、铁路、电力行业的生产经营单位及其主要负责人行政处罚的，也可以由主管的负有安全生产监督管理职责的部门进行处罚。

关于关闭的行政处罚。由负有安全生产监督管理职责的部门报请县级以上人民政府按照国务院规定的权限决定。

关于拘留的行政处罚。由公安机关依照治安管理处罚的规定决定。

第一百一十六条　生产经营单位赔偿责任

生产经营单位发生生产安全事故造成人员伤亡、他人财产损失的，应当依法承担赔偿责任；拒不承担或者其负责人逃匿的，由人民法院依法强制执行。

生产安全事故的责任人未依法承担赔偿责任，经人民法院依法采取执行措施后，仍不能对受害人给予足额赔偿的，应当继续履行赔偿义务；受害人发现责任人有其他财产的，可以随时请求人民法院执行。

▶ 理解与适用

发生法律效力的民事判决、裁定，以及刑事判决、裁定中的财产部分，由第一审人民法院或者与第一审人民法院同级的被执行的财产所在地人民法院执行。法律规定由人民法院执行的其他法律文书，由被执行人住所地或者被执行的财产所在地人民法院执行。

执行工作由执行员进行。采取强制执行措施时，执行员应当出示证件。执行完毕后，应当将执行情况制作笔录，由在场的有关人员签名或者盖章。

▶ 条文参见

《民事诉讼法》第 231 – 262 条

第七章　附　　则

第一百一十七条　用语解释

本法下列用语的含义：

危险物品，是指易燃易爆物品、危险化学品、放射性物品等能够危及人身安全和财产安全的物品。

重大危险源，是指长期地或者临时地生产、搬运、使用或者储存危险物品，且危险物品的数量等于或者超过临界量的单元（包括场所和设施）。

第一百一十八条　事故、隐患分类判定标准的制定

本法规定的生产安全一般事故、较大事故、重大事故、特别重大事故的划分标准由国务院规定。

国务院应急管理部门和其他负有安全生产监督管理职责的部门应当根据各自的职责分工，制定相关行业、领域重大危险源的辨识标准和重大事故隐患的判定标准。

第一百一十九条 生效日期

本法自 2002 年 11 月 1 日起施行。

▶理解与适用

本条规定了安全生产法的实施日期。安全生产法历经三次修改，修改时间分别为 2009 年、2014 年和 2021 年，修改决定的施行日期与本法的实施日期不同。

实用核心法规

中华人民共和国刑法（节录）

（1979年7月1日第五届全国人民代表大会第二次会议通过 1997年3月14日第八届全国人民代表大会第五次会议修订 根据1998年12月29日第九届全国人民代表大会常务委员会第六次会议通过的《全国人民代表大会常务委员会关于惩治骗购外汇、逃汇和非法买卖外汇犯罪的决定》、1999年12月25日第九届全国人民代表大会常务委员会第十三次会议通过的《中华人民共和国刑法修正案》、2001年8月31日第九届全国人民代表大会常务委员会第二十三次会议通过的《中华人民共和国刑法修正案（二）》、2001年12月29日第九届全国人民代表大会常务委员会第二十五次会议通过的《中华人民共和国刑法修正案（三）》、2002年12月28日第九届全国人民代表大会常务委员会第三十一次会议通过的《中华人民共和国刑法修正案（四）》、2005年2月28日第十届全国人民代表大会常务委员会第十四次会议通过的《中华人民共和国刑法修正案（五）》、2006年6月29日第十届全国人民代表大会常务委员会第二十二次会议通过的《中华人民共和国刑法修正案（六）》、2009年2月28日第十一届全国人民代表大会常务委员会第七次会议通过的《中华人民共和国刑法修正案（七）》、2009年8月27日第十一届全国人民代表大会常务委员会第十次会议通过的《全国人民代表大会常务委员会关于修改部分法律的决定》、2011年2月25日第十一届全国人民代表大会常务委员会第十九次会议通过的《中华人民共和国刑法修正案（八）》、2015年8月29日第十二届全国人民代表大会常务委员会第十六次会议通过的《中华人民共和国刑法修正案（九）》、2017年11月4日第十二届全国人民代表大会常务委员会第三十次会议通过的《中华人民共和国刑法修正案（十）》和2020年12月26日第十三届全国人民代表大会常务委员会第二十四次会议通过的《中华人民共和国刑法修正案（十一）》修正)[1]

……

---

[1] 刑法、历次刑法修正案、涉及修改刑法的决定的施行日期，分别依据各法律所规定的施行日期确定。

第一百三十四条 【重大责任事故罪】在生产、作业中违反有关安全管理的规定，因而发生重大伤亡事故或者造成其他严重后果的，处三年以下有期徒刑或者拘役；情节特别恶劣的，处三年以上七年以下有期徒刑。

【强令、组织他人违章冒险作业罪】强令他人违章冒险作业，或者明知存在重大事故隐患而不排除，仍冒险组织作业，因而发生重大伤亡事故或者造成其他严重后果的，处五年以下有期徒刑或者拘役；情节特别恶劣的，处五年以上有期徒刑。

第一百三十四条之一 【危险作业罪】在生产、作业中违反有关安全管理的规定，有下列情形之一，具有发生重大伤亡事故或者其他严重后果的现实危险的，处一年以下有期徒刑、拘役或者管制：

（一）关闭、破坏直接关系生产安全的监控、报警、防护、救生设备、设施，或者篡改、隐瞒、销毁其相关数据、信息的；

（二）因存在重大事故隐患被依法责令停产停业、停止施工、停止使用有关设备、设施、场所或者立即采取排除危险的整改措施，而拒不执行的；

（三）涉及安全生产的事项未经依法批准或者许可，擅自从事矿山开采、金属冶炼、建筑施工，以及危险物品生产、经营、储存等高度危险的生产作业活动的。

第一百三十五条 【重大劳动安全事故罪】安全生产设施或者安全生产条件不符合国家规定，因而发生重大伤亡事故或者造成其他严重后果的，对直接负责的主管人员和其他直接责任人员，处三年以下有期徒刑或者拘役；情节特别恶劣的，处三年以上七年以下有期徒刑。

……

第一百三十六条 【危险物品肇事罪】违反爆炸性、易燃性、放射性、毒害性、腐蚀性物品的管理规定，在生产、储存、运输、使用中发生重大事故，造成严重后果的，处三年以下有期徒刑或者拘役；后果特别严重的，处三年以上七年以下有期徒刑。

……

第一百三十九条之一 【不报、谎报安全事故罪】在安全事故发生后，负有报告职责的人员不报或者谎报事故情况，贻误事故抢救，情节严重的，处三年以下有期徒刑或者拘役；情节特别严重的，处三年以上七年以下有期徒刑。

……

第二百二十九条 【提供虚假证明文件罪】承担资产评估、验资、验证、会计、审计、法律服务、保荐、安全评价、环境影响评价、环境监测等职责的中介组织的人员故意提供虚假证明文件，情节严重的，处五年以下有期徒刑或者拘役，并处罚金；有下列情形之一的，处五年以上十年以下有期徒刑，并处罚金：

（一）提供与证券发行相关的虚假的资产评估、会计、审计、法律服务、保荐等证明文件，情节特别严重的；

（二）提供与重大资产交易相关的虚假的资产评估、会计、审计等证明文件，情节特别严重的；

（三）在涉及公共安全的重大工程、项目中提供虚假的安全评价、环境影响评价等证明文件，致使公共财产、国家和人民利益遭受特别重大损失的。

有前款行为，同时索取他人财物或者非法收受他人财物构成犯罪的，依照处罚较重的规定定罪处罚。

【出具证明文件重大失实罪】 第一款规定的人员，严重不负责任，出具的证明文件有重大失实，造成严重后果的，处三年以下有期徒刑或者拘役，并处或者单处罚金。

……

第三百九十七条　**【滥用职权罪】【玩忽职守罪】** 国家机关工作人员滥用职权或者玩忽职守，致使公共财产、国家和人民利益遭受重大损失的，处三年以下有期徒刑或者拘役；情节特别严重的，处三年以上七年以下有期徒刑。本法另有规定的，依照规定。

国家机关工作人员徇私舞弊，犯前款罪的，处五年以下有期徒刑或者拘役；情节特别严重的，处五年以上十年以下有期徒刑。本法另有规定的，依照规定。

……

中华人民共和国职业病防治法（节录）

（2001年10月27日第九届全国人民代表大会常务委员会第二十四次会议通过　根据2011年12月31日第十一届全国人民代表大会常务委员会第二十四次会议《关于修改〈中华人民共和国职业病防治法〉的决定》第一次修正　根据2016年7月2日第十二届全国人民代表大会常务委员会第二十一次会议《关于修改〈中华人民共和国节约能源法〉等六部法律的决定》第二次修正　根据2017年11月4日第十二届全国人民代表大会常务委员会第三十次会议《关于修改〈中华人民共和国会计法〉等十一部法律的决定》第三次修正　根据2018年12月29日第十三届全国人民代表大会常务委员会第七次会议《关于修改〈中华人民共和国劳动法〉等七部法律的决定》第四次修正）

……

第十五条　产生职业病危害的用人单位的设立除应当符合法律、行政法

规规定的设立条件外,其工作场所还应当符合下列职业卫生要求:

(一)职业病危害因素的强度或者浓度符合国家职业卫生标准;
(二)有与职业病危害防护相适应的设施;
(三)生产布局合理,符合有害与无害作业分开的原则;
(四)有配套的更衣间、洗浴间、孕妇休息间等卫生设施;
(五)设备、工具、用具等设施符合保护劳动者生理、心理健康的要求;
(六)法律、行政法规和国务院卫生行政部门关于保护劳动者健康的其他要求。

……

第二十四条 产生职业病危害的用人单位,应当在醒目位置设置公告栏,公布有关职业病防治的规章制度、操作规程、职业病危害事故应急救援措施和工作场所职业病危害因素检测结果。

对产生严重职业病危害的作业岗位,应当在其醒目位置,设置警示标识和中文警示说明。警示说明应当载明产生职业病危害的种类、后果、预防以及应急救治措施等内容。

……

第二十八条 向用人单位提供可能产生职业病危害的设备的,应当提供中文说明书,并在设备的醒目位置设置警示标识和中文警示说明。警示说明应当载明设备性能、可能产生的职业病危害、安全操作和维护注意事项、职业病防护以及应急救治措施等内容。

第二十九条 向用人单位提供可能产生职业病危害的化学品、放射性同位素和含有放射性物质的材料的,应当提供中文说明书。说明书应当载明产品特性、主要成份、存在的有害因素、可能产生的危害后果、安全使用注意事项、职业病防护以及应急救治措施等内容。产品包装应当有醒目的警示标识和中文警示说明。贮存上述材料的场所应当在规定的部位设置危险物品标识或者放射性警示标识。

国内首次使用或者首次进口与职业病危害有关的化学材料,使用单位或者进口单位按照国家规定经国务院有关部门批准后,应当向国务院卫生行政部门报送该化学材料的毒性鉴定以及经有关部门登记注册或者批准进口的文件等资料。

进口放射性同位素、射线装置和含有放射性物质的物品的,按照国家有关规定办理。

……

第三十三条 用人单位与劳动者订立劳动合同(含聘用合同,下同)时,应当将工作过程中可能产生的职业病危害及其后果、职业病防护措施和待遇等如实告知劳动者,并在劳动合同中写明,不得隐瞒或者欺骗。

劳动者在已订立劳动合同期间因工作岗位或者工作内容变更,从事与所订立劳动合同中未告知的存在职业病危害的作业时,用人单位应当依照前款规定,向劳动者履行如实告知的义务,并协商变更原劳动合同相关条款。

用人单位违反前两款规定的,劳动者有权拒绝从事存在职业病危害的作业,用人单位不得因此解除与劳动者所订立的劳动合同。

……

第三十七条 发生或者可能发生急性职业病危害事故时,用人单位应当立即采取应急救援和控制措施,并及时报告所在地卫生行政部门和有关部门。卫生行政部门接到报告后,应当及时会同有关部门组织调查处理;必要时,可以采取临时控制措施。卫生行政部门应当组织做好医疗救治工作。

对遭受或者可能遭受急性职业病危害的劳动者,用人单位应当及时组织救治、进行健康检查和医学观察,所需费用由用人单位承担。

……

第五十八条 职业病病人除依法享有工伤保险外,依照有关民事法律,尚有获得赔偿的权利的,有权向用人单位提出赔偿要求。

第五十九条 劳动者被诊断患有职业病,但用人单位没有依法参加工伤保险的,其医疗和生活保障由该用人单位承担。

……

中共中央、国务院关于推进安全生产领域改革发展的意见

(2016年12月9日)

安全生产是关系人民群众生命财产安全的大事,是经济社会协调健康发展的标志,是党和政府对人民利益高度负责的要求。党中央、国务院历来高度重视安全生产工作,党的十八大以来作出一系列重大决策部署,推动全国安全生产工作取得积极进展。同时也要看到,当前我国正处在工业化、城镇化持续推进过程中,生产经营规模不断扩大,传统和新型生产经营方式并存,各类事故隐患和安全风险交织叠加,安全生产基础薄弱、监管体制机制和法律制度不完善、企业主体责任落实不力等问题依然突出,生产安全事故易发多发,尤其是重特大安全事故频发势头尚未得到有效遏制,一些事故发生呈现由高危行业领域向其他行业领域蔓延趋势,直接危及生产安全和公共安全。为进一步加强安全生产工作,现就推进安全生产领域改革发展提出如下意见。

一、总体要求

(一)指导思想。全面贯彻党的十八大和十八届三中、四中、五中、六

中全会精神，以邓小平理论、"三个代表"重要思想、科学发展观为指导，深入贯彻习近平总书记系列重要讲话精神和治国理政新理念新思想新战略，进一步增强"四个意识"，紧紧围绕统筹推进"五位一体"总体布局和协调推进"四个全面"战略布局，牢固树立新发展理念，坚持安全发展，坚守发展决不能以牺牲安全为代价这条不可逾越的红线，以防范遏制重特大生产安全事故为重点，坚持安全第一、预防为主、综合治理的方针，加强领导、改革创新、协调联动、齐抓共管，着力强化企业安全生产主体责任，着力堵塞监督管理漏洞，着力解决不遵守法律法规的问题，依靠严密的责任体系、严格的法治措施、有效的体制机制、有力的基础保障和完善的系统治理，切实增强安全防范治理能力，大力提升我国安全生产整体水平，确保人民群众安康幸福、共享改革发展和社会文明进步成果。

（二）基本原则

——坚持安全发展。贯彻以人民为中心的发展思想，始终把人的生命安全放在首位，正确处理安全与发展的关系，大力实施安全发展战略，为经济社会发展提供强有力的安全保障。

——坚持改革创新。不断推进安全生产理论创新、制度创新、体制机制创新、科技创新和文化创新，增强企业内生动力，激发全社会创新活力，破解安全生产难题，推动安全生产与经济社会协调发展。

——坚持依法监管。大力弘扬社会主义法治精神，运用法治思维和法治方式，深化安全生产监管执法体制改革，完善安全生产法律法规和标准体系，严格规范公正文明执法，增强监管执法效能，提高安全生产法治化水平。

——坚持源头防范。严格安全生产市场准入，经济社会发展要以安全为前提，把安全生产贯穿城乡规划布局、设计、建设、管理和企业生产经营活动全过程。构建风险分级管控和隐患排查治理双重预防工作机制，严防风险演变、隐患升级导致生产安全事故发生。

——坚持系统治理。严密层级治理和行业治理、政府治理、社会治理相结合的安全生产治理体系，组织动员各方面力量实施社会共治。综合运用法律、行政、经济、市场等手段，落实人防、技防、物防措施，提升全社会安全生产治理能力。

（三）目标任务。到2020年，安全生产监管体制机制基本成熟，法律制度基本完善，全国生产安全事故总量明显减少，职业病危害防治取得积极进展，重特大生产安全事故频发势头得到有效遏制，安全生产整体水平与全面建成小康社会目标相适应。到2030年，实现安全生产治理体系和治理能力现代化，全民安全文明素质全面提升，安全生产保障能力显著增强，为实现中华民族伟大复兴的中国梦奠定稳固可靠的安全生产基础。

二、健全落实安全生产责任制

（四）明确地方党委和政府领导责任。坚持党政同责、一岗双责、齐抓共管、失职追责,完善安全生产责任体系。地方各级党委和政府要始终把安全生产摆在重要位置,加强组织领导。党政主要负责人是本地区安全生产第一责任人,班子其他成员对分管范围内的安全生产工作负领导责任。地方各级安全生产委员会主任由政府主要负责人担任,成员由同级党委和政府及相关部门负责人组成。

地方各级党委要认真贯彻执行党的安全生产方针,在统揽本地区经济社会发展全局中同步推进安全生产工作,定期研究决定安全生产重大问题。加强安全生产监管机构领导班子、干部队伍建设。严格安全生产履职绩效考核和失职责任追究。强化安全生产宣传教育和舆论引导。发挥人大对安全生产工作的监督促进作用、政协对安全生产工作的民主监督作用。推动组织、宣传、政法、机构编制等单位支持保障安全生产工作。动员社会各界积极参与、支持、监督安全生产工作。

地方各级政府要把安全生产纳入经济社会发展总体规划,制定实施安全生产专项规划,健全安全投入保障制度。及时研究部署安全生产工作,严格落实属地监管责任。充分发挥安全生产委员会作用,实施安全生产责任目标管理。建立安全生产巡查制度,督促各部门和下级政府履职尽责。加强安全生产监管执法能力建设,推进安全科技创新,提升信息化管理水平。严格安全准入标准,指导管控安全风险,督促整治重大隐患,强化源头治理。加强应急管理,完善安全生产应急救援体系。依法依规开展事故调查处理,督促落实问题整改。

(五)明确部门监管责任。按照管行业必须管安全、管业务必须管安全、管生产经营必须管安全和谁主管谁负责的原则,厘清安全生产综合监管与行业监管的关系,明确各有关部门安全生产和职业健康工作职责,并落实到部门工作职责规定中。安全生产监督管理部门负责安全生产法规标准和政策规划制定修订、执法监督、事故调查处理、应急救援管理、统计分析、宣传教育培训等综合性工作,承担职责范围内行业领域安全生产和职业健康监管执法职责。负有安全生产监督管理职责的有关部门依法依规履行相关行业领域安全生产和职业健康监管职责,强化监管执法,严厉查处违法违规行为。其他行业领域主管部门负有安全生产管理责任,要将安全生产工作作为行业领域管理的重要内容,从行业规划、产业政策、法规标准、行政许可等方面加强行业安全生产工作,指导督促企事业单位加强安全管理。党委和政府其他有关部门要在职责范围内为安全生产工作提供支持保障,共同推进安全发展。

(六)严格落实企业主体责任。企业对本单位安全生产和职业健康工作负全面责任,要严格履行安全生产法定责任,建立健全自我约束、持续改进的内生机制。企业实行全员安全生产责任制度,法定代表人和实际控制人同为安全生产第一责任人,主要技术负责人负有安全生产技术决策和指挥权,强化部门安全生产职责,落实一岗双责。完善落实混合所有制企业以及跨地区、多层级和境外中资企业投资主体的安全生产责任。建立企业全过程安全生产和职业健康管理制度,做到安全责任、管理、投入、培训和应急救援"五到位"。国有企业要发挥安全生产工作示范带头作用,自觉接受属地监管。

(七)健全责任考核机制。建立与全面建成小康社会相适应和体现安全发展水平的考核评价体系。完善考核制度,统筹整合、科学设定安全生产考核指标,加大安全生产在社会治安综合治理、精神文明建设等考核中的权重。各级政府要对同级安全生产委员会成员单位和下级政府实施严格的安全生产工作责任考核,实行过程考核与结果考核相结合。各地区各单位要建立安全生产绩效与履职评定、职务晋升、奖励惩处挂钩制度,严格落实安全生产"一票否决"制度。

(八)严格责任追究制度。实行党政领导干部任期安全生产责任制,日常工作依责尽职、发生事故依责追究。依法依规制定各有关部门安全生产权力和责任清单,尽职照单免责、失职照单问责。建立企业生产经营全过程安全责任追溯制度。严肃查处安全生产领域项目审批、行政许可、监管执法中的失职渎职和权钱交易等腐败行为。严格事故直报制度,对瞒报、谎报、漏报、迟报事故的单位和个人依法依规追责。对被追究刑事责任的生产经营者依法实施相应的职业禁入,对事故发生负有重大责任的社会服务机构和人员依法严肃追究法律责任,并依法实施相应的行业禁入。

三、改革安全监管监察体制

(九)完善监督管理体制。加强各级安全生产委员会组织领导,充分发挥其统筹协调作用,切实解决突出矛盾和问题。各级安全生产监督管理部门承担本级安全生产委员会日常工作,负责指导协调、监督检查、巡查考核本级政府有关部门和下级政府安全生产工作,履行综合监管职责。负有安全生产监督管理职责的部门,依照有关法律法规和部门职责,健全安全生产监管体制,严格落实监管职责。相关部门按照各自职责建立完善安全生产工作机制,形成齐抓共管格局。坚持管安全生产必须管职业健康,建立安全生产和职业健康一体化监管执法体制。

(十)改革重点行业领域安全监管监察体制。依托国家煤矿安全监察体制,加强非煤矿山安全生产监管监察,优化安全监察机构布局,将国家煤矿安全监察机构负责的安全生产行政许可事项移交给地方政府承担。着重加强危险化学品安全监管体制改革和力量建设,明确和落实危险化学品建设项目立项、规划、设计、施工及生产、储存、使用、销售、运输、废弃处置等环节的法定安全监管责任,建立有力的协调联动机制,消除监管空白。完善海洋石油安全生产监督管理体制机制,实行政企分开。理顺民航、铁路、电力等行业跨区域监管体制,明确行业监管、区域监管与地方监管职责。

（十一）进一步完善地方监管执法体制。地方各级党委和政府要将安全生产监督管理部门作为政府工作部门和行政执法机构，加强安全生产执法队伍建设，强化行政执法职能。统筹加强安全监管力量，重点充实市、县两级安全生产监管执法人员，强化乡镇（街道）安全生产监管力量建设。完善各类开发区、工业园区、港区、风景区等功能区安全生产监管体制，明确负责安全生产监督管理的机构，以及港区安全生产地方监管和部门监管责任。

（十二）健全应急救援管理体制。按照政事分开原则，推进安全生产应急救援管理体制改革，强化行政管理职能，提高组织协调能力和现场救援时效。健全省、市、县三级安全生产应急救援管理工作机制，建设联动互通的应急救援指挥平台。依托公安消防、大型企业、工业园区等应急救援力量，加强矿山和危险化学品等应急救援基地和队伍建设，实行区域化应急救援资源共享。

四、大力推进依法治理

（十三）健全法律法规体系。建立健全安全生产法律法规立改废释工作协调机制。加强涉及安全生产相关法规一致性审查，增强安全生产法制建设的系统性、可操作性。制定安全生产中长期立法规划，加快制定修订安全生产法配套法规。加强安全生产和职业健康法律法规衔接融合。研究修改刑法有关条款，将生产经营过程中极易导致重大生产安全事故的违法行为列入刑法调整范围。制定完善高危行业领域安全规程。设区的市根据立法法的立法精神，加强安全生产地方性法规建设，解决区域性安全生产突出问题。

（十四）完善标准体系。加快安全生产标准制定修订和整合，建立以强制性国家标准为主体的安全生产标准体系。鼓励依法成立的社会团体和企业制定更加严格规范的安全生产标准，结合国情积极借鉴实施国际先进标准。国务院安全生产监督管理部门负责生产经营单位职业危害预防治理国家标准制定发布工作；统筹提出安全生产强制性国家标准立项计划，有关部门按照职责分工组织起草、审查、实施和监督执行，国务院标准化行政主管部门负责及时立项、编号、对外通报、批准并发布。

（十五）严格安全准入制度。严格高危行业领域安全准入条件。按照强化监管与便民服务相结合原则，科学设置安全生产行政许可事项和办理程序，优化工作流程，简化办事环节，实施网上公开办理，接受社会监督。对与人民群众生命财产安全直接相关的行政许可事项，依法严格管理。对取消、下放、移交的行政许可事项，要加强事中事后安全监管。

（十六）规范监管执法行为。完善安全生产监管执法制度，明确每个生产经营单位安全生产监督和管理主体，制定实施执法计划，完善执法程序规定，依法严格查处各类违法违规行为。建立行政执法和刑事司法衔接制度，负有安全生产监督管理职责的部门要加强与公安、检察院、法院等协调配合，完善安全生产违法线索通报、案件移送与协查机制。对违法行为当事人拒不执行安全生产行政执法决定的，负有安全生产监督管理职责的部门应依法申请司法机关强制执行。完善司法机关参与事故调查机制，严肃查处违法犯罪行为。研究建立安全生产民事和行政公益诉讼制度。

（十七）完善执法监督机制。各级人大常委会要定期检查安全生产法律法规实施情况，开展专题询问。各级政协要围绕安全生产突出问题开展民主监督和协商调研。建立执法行为审议制度和重大行政执法决策机制，评估执法效果，防止滥用职权。健全领导干部非法干预安全生产监管执法的记录、通报和责任追究制度。完善安全生产执法纠错和执法信息公开制度，加强社会监督和舆论监督，保证执法严明、有错必纠。

（十八）健全监管执法保障体系。制定安全生产监管监察能力建设规划，明确监管执法装备及现场执法和应急救援用车配备标准，加强监管执法技术支撑体系建设，保障监管执法需要。建立完善负有安全生产监督管理职责的部门监管执法经费保障机制，将监管执法经费纳入同级财政全额保障范围。加强监管执法制度化、标准化、信息化建设，确保规范高效监管执法。建立安全生产监管执法人员依法履行法定职责制度，激励保证监管执法人员忠于职守、履职尽责。严格监管执法人员资格管理，制定安全生产监管执法人员录用标准，提高专业监管执法人员比例。建立健全安全生产监管执法人员凡进必考、入职培训、持证上岗和定期轮训制度。统一安全生产执法标志标识和制式服装。

（十九）完善事故调查处理机制。坚持问责与整改并重，充分发挥事故查处对加强和改进安全生产工作的促进作用。完善生产安全事故调查组组长负责制。健全典型事故提级调查、跨地区协同调查和工作督导机制。建立事故调查分析技术支撑体系，所有事故调查报告要设立技术和管理问题专篇，详细分析原因并全文发布，做好解读，回应公众关切。对事故调查发现有漏洞、缺陷的有关法律法规和标准制度，及时启动制定修订工作。建立事故暴露问题整改督办制度，事故结案后一年内，负责事故调查的地方政府和国务院有关部门要组织开展评估，及时向社会公开，对履职不力、整改措施不落实的，依法依规严肃追究有关单位和人员责任。

五、建立安全预防控制体系

（二十）加强安全风险管控。地方各级政府要建立完善安全风险评估与论证机制，科学合理确定企业选址和基础设施建设、居民生活区空间布局。高危项目审批必须把安全生产作为前置条件，城乡规划布局、设计、建设、管理等各项工作必须以安全为前提，实行重大安全风险"一票否决"。加强新材料、新工艺、新业态安全风险评估和管控。紧密结合供给侧结构性改革，推动高危产业转型升级。位置相邻、行业相近、业态相似的地区和行业要建立完善重大安全风险联防联控机制。构建国家、省、市、县四级重大危险源信息管理体系，对重点行业、重点区域、重点企业实行风险预警控制，有效防范重特大生产安全事故。

（二十一）强化企业预防措施。企业要定期开展风险评估和危害辨识。针对高危工艺、设备、物品、场所和岗位，建立分级管控制度，制定落实安全操作规程。树立隐患就是事故的观念，建立健全隐患排查治理制度、重大隐患治理情况向负有安全生产监督管理职责的部门和企业职代会"双报告"制度，实行自查自改自报闭环管理。严格执行安全生产和职业健康"三同时"制度。大力推进企业安全生产标准化建设，实现安全管理、操作行为、设备设施和作业环境的标准化。开展经常性的应急演练和人员避险自救培训，着力提升现场应急处置能力。

（二十二）建立隐患治理监督机制。制定生产安全事故隐患分级和排查治理标准。负有安全生产监督管理职责的部门要建立与企业隐患排查治理系统联网的信息平台，完善线上线下配套监管制度。强化隐患排查治理监督执法，对重大隐患整改不到位的企业依法采取停产停业、停止施工、停止供电和查封扣押等强制措施，按规定给予上限经济处罚，对构成犯罪的要移交司法机关依法追究刑事责任。严格重大隐患挂牌督办制度，对整改和督办不力的纳入政府核查问责范围，实行约谈告诫、公开曝光，情节严重的依法依规追究相关人员责任。

（二十三）强化城市运行安全保障。定期排查区域内安全风险点、危险源，落实管控措施，构建系统性、现代化的城市安全保障体系，推进安全发展示范城市建设。提高基础设施安全配置标准，重点加强对城市高层建筑、大型综合体、隧道桥梁、管线管廊、轨道交通、燃气、电力设施及电梯、游乐设施等的检测维护。完善大型群众性活动安全管理制度，加强人员密集场所安全监管。加强公安、民政、国土资源、住房城乡建设、交通运输、水利、农业、安全监管、气象、地震等相关部门的协调联动，严防自然灾害引发事故。

（二十四）加强重点领域工程治理。深入推进对煤矿瓦斯、水害等重大灾害以及矿山采空区、尾矿库的工程治理。加快实施人口密集区域的危险化学品和化工企业生产、仓储场所安全搬迁工程。深化油气开采、输送、炼化、码头接卸等领域安全整治。实施高速公路、乡村公路和急弯陡坡、临水临崖危险路段公路安全生命防护工程建设。加强高速铁路、跨海大桥、海底隧道、铁路浮桥、航运枢纽、港口等防灾监测、安全检测及防护系统建设。完善长途客运车辆、旅游客车、危险物品运输车辆和船舶生产制造标准，提高安全性能，强制安装智能视频监控报警、防碰撞和整车整船安全运行监管技术装备，对已运行的要加快安全技术装备改造升级。

（二十五）建立完善职业病防治体系。将职业病防治纳入各级政府民生工程及安全生产工作考核体系，制定职业病防治中长期规划，实施职业健康促进计划。加快职业病危害严重企业技术改造、转型升级和淘汰退出，加强高危粉尘、高毒物品等职业病危害源头治理。健全职业健康监管支撑保障体系，加强职业健康技术服务机构、职业病诊断鉴定机构和职业健康体检机构建设，强化职业病危害基础研究、预防控制、诊断鉴定、综合治疗能力。完善相关规定，扩大职业病患者救治范围，将职业病失能人员纳入社会保障范围，对符合条件的职业病患者落实医疗与生活救助措施。加强企业职业健康监管执法，督促落实职业病危害告知、日常监测、定期报告、防护保障和职业健康体检等制度措施，落实职业病防治主体责任。

六、加强安全基础保障能力建设

（二十六）完善安全投入长效机制。加强中央和地方财政安全生产预防及应急相关资金使用管理，加大安全生产与职业健康投入，强化审计监督。加强安全生产经济政策研究，完善安全生产专用设备企业所得税优惠目录。落实企业安全生产费用提取管理使用制度，建立企业增加安全投入的激励约束机制。健全投融资服务体系，引导企业集聚发展灾害防治、预测预警、检测监控、个体防护、应急处置、安全文化等技术、装备和服务产业。

（二十七）建立安全科技支撑体系。优化整合国家科技计划，统筹支持安全生产和职业健康领域科研项目，加强研发基地和博士后科研工作站建设。开展事故预防理论研究和关键技术装备研发，加快成果转化和推广应用。推动工业机器人、智能装备在危险工序和环节广泛应用。提升现代信息技术与安全生产融合度，统一标准规范，加快安全生产信息化建设，构建安全生产与职业健康信息化全国"一张网"。加强安全生产理论和政策研究，运用大数据技术开展安全生产规律性、关联性特征分析，提高安全生产决策科学化水平。

（二十八）健全社会化服务体系。将安全生产专业技术服务纳入现代服务业发展规划，培育多元化服务主体。建立政府购买安全生产服务制度。支持发展安全生产专业化行业组织，强化自治自律。完善注册安全工程师制度。改革完善安全生产和职业健康技术服务机构资质管理办法。支持相关机构开展安全生产和职业健康一体化评价等技术服务，严格实施评价公开制度，进一步激活和规范专业技术服务市场。鼓励中小微企业订单式、协作式购买运用安全生产管理和技术服务。建立安全生产和职业健康技术服务机构公示制度和由第三方实施的信用评定制度，严肃查处租借资质、违法挂靠、弄虚作假、垄断收费等各类违法违规行为。

（二十九）发挥市场机制推动作用。取消安全生产风险抵押金制度，建立健全安全生产责任保险制度，在矿山、危险化学品、烟花爆竹、交通运输、建筑施工、民用爆炸物品、金属冶炼、渔业生产等高危行业领域强制实施，切实发挥保险机构参与风险评估管控和事故预防功能。完善工伤保险制度，加快制定工伤预防费用的提取比例、使用和管理具体办法。积极推进安全生产诚信体系建设，完善企业安全生产不良记录"黑名单"制度，建立失信惩戒和守信激励机制。

（三十）健全安全宣传教育体系。将安全生产监督管理纳入各级党政领导干部培训内容。把安全知识普及纳入国民教育，建立完善中小学安全教育和高危行业职业安全教育体系。把安全生产纳入农民工技能培训内容。严格落实企业安全教育培训制度，切实做到先培训、后上岗。推进安全文化建设，加强警示教育，强化全民安全意识和法治意识。发挥工会、共青团、妇联等群团组织作用，依法维护职工群众的知情权、参与权与监督权。加强安全生产公益宣传和舆论监督。建立安全生产"12350"专线与社会公共管理平台统一接报、分类处置的举报投诉机制。鼓励开展安全生产志愿服务和慈善事业。加强安全生产国际交流合作，学习借鉴国外安全生产与职业健康先进经验。

各地区各部门要加强组织领导，严格实行领导干部安全生产工作责任制，根据本意见提出的任务和要求，结合实际认真研究制定实施办法，抓紧出台推进安全生产领域改革发展的具体政策措施，明确责任分工和时间进度要求，确保各项改革举措和工作要求落实到位。贯彻落实情况要及时向党中央、国务院报告，同时抄送国务院安全生产委员会办公室。中央全面深化改革领导小组办公室将适时牵头组织开展专项监督检查。

生产安全事故报告和调查处理条例

（2007年3月28日国务院第172次常务会议通过　2007年4月9日中华人民共和国国务院令第493号公布　自2007年6月1日起施行）

第一章　总　　则

第一条　为了规范生产安全事故的报告和调查处理，落实生产安全事故责任追究制度，防止和减少生产安全事故，根据《中华人民共和国安全生产法》和有关法律，制定本条例。

第二条　生产经营活动中发生的造成人身伤亡或者直接经济损失的生产安全事故的报告和调查处理，适用本条例；环境污染事故、核设施事故、国防科研生产事故的报告和调查处理不适用本条例。

第三条　根据生产安全事故（以下简称事故）造成的人员伤亡或者直接经济损失，事故一般分为以下等级：

（一）特别重大事故，是指造成30人以上死亡，或者100人以上重伤

（包括急性工业中毒，下同），或者 1 亿元以上直接经济损失的事故；

（二）重大事故，是指造成 10 人以上 30 人以下死亡，或者 50 人以上 100 人以下重伤，或者 5000 万元以上 1 亿元以下直接经济损失的事故；

（三）较大事故，是指造成 3 人以上 10 人以下死亡，或者 10 人以上 50 人以下重伤，或者 1000 万元以上 5000 万元以下直接经济损失的事故；

（四）一般事故，是指造成 3 人以下死亡，或者 10 人以下重伤，或者 1000 万元以下直接经济损失的事故。

国务院安全生产监督管理部门可以会同国务院有关部门，制定事故等级划分的补充性规定。

本条第一款所称的"以上"包括本数，所称的"以下"不包括本数。

第四条 事故报告应当及时、准确、完整，任何单位和个人对事故不得迟报、漏报、谎报或者瞒报。

事故调查处理应当坚持实事求是、尊重科学的原则，及时、准确地查清事故经过、事故原因和事故损失，查明事故性质，认定事故责任，总结事故教训，提出整改措施，并对事故责任者依法追究责任。

第五条 县级以上人民政府应当依照本条例的规定，严格履行职责，及时、准确地完成事故调查处理工作。

事故发生地有关地方人民政府应当支持、配合上级人民政府或者有关部门的事故调查处理工作，并提供必要的便利条件。

参加事故调查处理的部门和单位应当互相配合，提高事故调查处理工作的效率。

第六条 工会依法参加事故调查处理，有权向有关部门提出处理意见。

第七条 任何单位和个人不得阻挠和干涉对事故的报告和依法调查处理。

第八条 对事故报告和调查处理中的违法行为，任何单位和个人有权向安全生产监督管理部门、监察机关或者其他有关部门举报，接到举报的部门应当依法及时处理。

第二章 事 故 报 告

第九条 事故发生后，事故现场有关人员应当立即向本单位负责人报告；单位负责人接到报告后，应当于 1 小时内向事故发生地县级以上人民政府安全生产监督管理部门和负有安全生产监督管理职责的有关部门报告。

情况紧急时，事故现场有关人员可以直接向事故发生地县级以上人民政府安全生产监督管理部门和负有安全生产监督管理职责的有关部门报告。

第十条 安全生产监督管理部门和负有安全生产监督管理职责的有关部

门接到事故报告后,应当依照下列规定上报事故情况,并通知公安机关、劳动保障行政部门、工会和人民检察院:

(一)特别重大事故、重大事故逐级上报至国务院安全生产监督管理部门和负有安全生产监督管理职责的有关部门;

(二)较大事故逐级上报至省、自治区、直辖市人民政府安全生产监督管理部门和负有安全生产监督管理职责的有关部门;

(三)一般事故上报至设区的市级人民政府安全生产监督管理部门和负有安全生产监督管理职责的有关部门。

安全生产监督管理部门和负有安全生产监督管理职责的有关部门依照前款规定上报事故情况,应当同时报告本级人民政府。国务院安全生产监督管理部门和负有安全生产监督管理职责的有关部门以及省级人民政府接到发生特别重大事故、重大事故的报告后,应当立即报告国务院。

必要时,安全生产监督管理部门和负有安全生产监督管理职责的有关部门可以越级上报事故情况。

第十一条 安全生产监督管理部门和负有安全生产监督管理职责的有关部门逐级上报事故情况,每级上报的时间不得超过2小时。

第十二条 报告事故应当包括下列内容:

(一)事故发生单位概况;

(二)事故发生的时间、地点以及事故现场情况;

(三)事故的简要经过;

(四)事故已经造成或者可能造成的伤亡人数(包括下落不明的人数)和初步估计的直接经济损失;

(五)已经采取的措施;

(六)其他应当报告的情况。

第十三条 事故报告后出现新情况的,应当及时补报。

自事故发生之日起30日内,事故造成的伤亡人数发生变化的,应当及时补报。道路交通事故、火灾事故自发生之日起7日内,事故造成的伤亡人数发生变化的,应当及时补报。

第十四条 事故发生单位负责人接到事故报告后,应当立即启动事故相应应急预案,或者采取有效措施,组织抢救,防止事故扩大,减少人员伤亡和财产损失。

第十五条 事故发生地有关地方人民政府、安全生产监督管理部门和负有安全生产监督管理职责的有关部门接到事故报告后,其负责人应当立即赶赴事故现场,组织事故救援。

第十六条 事故发生后,有关单位和人员应当妥善保护事故现场以及相关证据,任何单位和个人不得破坏事故现场、毁灭相关证据。

因抢救人员、防止事故扩大以及疏通交通等原因,需要移动事故现场物件的，应当做出标志，绘制现场简图并做出书面记录，妥善保存现场重要痕迹、物证。

第十七条 事故发生地公安机关根据事故的情况，对涉嫌犯罪的，应当依法立案侦查，采取强制措施和侦查措施。犯罪嫌疑人逃匿的，公安机关应当迅速追捕归案。

第十八条 安全生产监督管理部门和负有安全生产监督管理职责的有关部门应当建立值班制度，并向社会公布值班电话，受理事故报告和举报。

第三章 事故调查

第十九条 特别重大事故由国务院或者国务院授权有关部门组织事故调查组进行调查。

重大事故、较大事故、一般事故分别由事故发生地省级人民政府、设区的市级人民政府、县级人民政府负责调查。省级人民政府、设区的市级人民政府、县级人民政府可以直接组织事故调查组进行调查，也可以授权或者委托有关部门组织事故调查组进行调查。

未造成人员伤亡的一般事故，县级人民政府也可以委托事故发生单位组织事故调查组进行调查。

第二十条 上级人民政府认为必要时，可以调查由下级人民政府负责调查的事故。

自事故发生之日起 30 日内（道路交通事故、火灾事故自发生之日起 7 日内），因事故伤亡人数变化导致事故等级发生变化，依照本条例规定应当由上级人民政府负责调查的，上级人民政府可以另行组织事故调查组进行调查。

第二十一条 特别重大事故以下等级事故，事故发生地与事故发生单位不在同一个县级以上行政区域的，由事故发生地人民政府负责调查，事故发生单位所在地人民政府应当派人参加。

第二十二条 事故调查组的组成应当遵循精简、效能的原则。

根据事故的具体情况，事故调查组由有关人民政府、安全生产监督管理部门、负有安全生产监督管理职责的有关部门、监察机关、公安机关以及工会派人组成，并应当邀请人民检察院派人参加。

事故调查组可以聘请有关专家参与调查。

第二十三条 事故调查组成员应当具有事故调查所需要的知识和专长，并与所调查的事故没有直接利害关系。

第二十四条 事故调查组组长由负责事故调查的人民政府指定。事故调查组组长主持事故调查组的工作。

第二十五条 事故调查组履行下列职责：
（一）查明事故发生的经过、原因、人员伤亡情况及直接经济损失；
（二）认定事故的性质和事故责任；
（三）提出对事故责任者的处理建议；
（四）总结事故教训，提出防范和整改措施；
（五）提交事故调查报告。

第二十六条 事故调查组有权向有关单位和个人了解与事故有关的情况，并要求其提供相关文件、资料，有关单位和个人不得拒绝。

事故发生单位的负责人和有关人员在事故调查期间不得擅离职守，并应当随时接受事故调查组的询问，如实提供有关情况。

事故调查中发现涉嫌犯罪的，事故调查组应当及时将有关材料或者其复印件移交司法机关处理。

第二十七条 事故调查中需要进行技术鉴定的，事故调查组应当委托具有国家规定资质的单位进行技术鉴定。必要时，事故调查组可以直接组织专家进行技术鉴定。技术鉴定所需时间不计入事故调查期限。

第二十八条 事故调查组成员在事故调查工作中应当诚信公正、恪尽职守，遵守事故调查组的纪律，保守事故调查的秘密。

未经事故调查组组长允许，事故调查组成员不得擅自发布有关事故的信息。

第二十九条 事故调查组应当自事故发生之日起60日内提交事故调查报告；特殊情况下，经负责事故调查的人民政府批准，提交事故调查报告的期限可以适当延长，但延长的期限最长不超过60日。

第三十条 事故调查报告应当包括下列内容：
（一）事故发生单位概况；
（二）事故发生经过和事故救援情况；
（三）事故造成的人员伤亡和直接经济损失；
（四）事故发生的原因和事故性质；
（五）事故责任的认定以及对事故责任者的处理建议；
（六）事故防范和整改措施。

事故调查报告应附具有关证据材料。事故调查组成员应当在事故调查报告上签名。

第三十一条 事故调查报告报送负责事故调查的人民政府后，事故调查工作即告结束。事故调查的有关资料应当归档保存。

第四章 事故处理

第三十二条 重大事故、较大事故、一般事故，负责事故调查的人民政府应当自收到事故调查报告之日起 15 日内做出批复；特别重大事故，30 日内做出批复，特殊情况下，批复时间可以适当延长，但延长的时间最长不超过 30 日。

有关机关应当按照人民政府的批复，依照法律、行政法规规定的权限和程序，对事故发生单位和有关人员进行行政处罚，对负有事故责任的国家工作人员进行处分。

事故发生单位应当按照负责事故调查的人民政府的批复，对本单位负有事故责任的人员进行处理。

负有事故责任的人员涉嫌犯罪的，依法追究刑事责任。

第三十三条 事故发生单位应当认真吸取事故教训，落实防范和整改措施，防止事故再次发生。防范和整改措施的落实情况应当接受工会和职工的监督。

安全生产监督管理部门和负有安全生产监督管理职责的有关部门应当对事故发生单位落实防范和整改措施的情况进行监督检查。

第三十四条 事故处理的情况由负责事故调查的人民政府或者其授权的有关部门、机构向社会公布，依法应当保密的除外。

第五章 法律责任

第三十五条 事故发生单位主要负责人有下列行为之一的，处上一年年收入 40% 至 80% 的罚款；属于国家工作人员的，并依法给予处分；构成犯罪的，依法追究刑事责任：

（一）不立即组织事故抢救的；

（二）迟报或者漏报事故的；

（三）在事故调查处理期间擅离职守的。

第三十六条 事故发生单位及其有关人员有下列行为之一的，对事故发生单位处 100 万元以上 500 万元以下的罚款；对主要负责人、直接负责的主管人员和其他直接责任人员处上一年年收入 60% 至 100% 的罚款；属于国家工作人员的，并依法给予处分；构成违反治安管理行为的，由公安机关依法给予治安管理处罚；构成犯罪的，依法追究刑事责任：

（一）谎报或者瞒报事故的；

（二）伪造或者故意破坏事故现场的；

（三）转移、隐匿资金、财产，或者销毁有关证据、资料的；

（四）拒绝接受调查或者拒绝提供有关情况和资料的；

（五）在事故调查中作伪证或者指使他人作伪证的；

（六）事故发生后逃匿的。

第三十七条 事故发生单位对事故发生负有责任的，依照下列规定处以罚款：

（一）发生一般事故的，处 10 万元以上 20 万元以下的罚款；

（二）发生较大事故的，处 20 万元以上 50 万元以下的罚款；

（三）发生重大事故的，处 50 万元以上 200 万元以下的罚款；

（四）发生特别重大事故的，处 200 万元以上 500 万元以下的罚款。

第三十八条 事故发生单位主要负责人未依法履行安全生产管理职责，导致事故发生的，依照下列规定处以罚款；属于国家工作人员的，并依法给予处分；构成犯罪的，依法追究刑事责任：

（一）发生一般事故的，处上一年年收入 30% 的罚款；

（二）发生较大事故的，处上一年年收入 40% 的罚款；

（三）发生重大事故的，处上一年年收入 60% 的罚款；

（四）发生特别重大事故的，处上一年年收入 80% 的罚款。

第三十九条 有关地方人民政府、安全生产监督管理部门和负有安全生产监督管理职责的有关部门有下列行为之一的，对直接负责的主管人员和其他直接责任人员依法给予处分；构成犯罪的，依法追究刑事责任：

（一）不立即组织事故抢救的；

（二）迟报、漏报、谎报或者瞒报事故的；

（三）阻碍、干涉事故调查工作的；

（四）在事故调查中作伪证或者指使他人作伪证的。

第四十条 事故发生单位对事故发生负有责任的，由有关部门依法暂扣或者吊销其有关证照；对事故发生单位负有事故责任的有关人员，依法暂停或者撤销其与安全生产有关的执业资格、岗位证书；事故发生单位主要负责人受到刑事处罚或者撤职处分的，自刑罚执行完毕或者受处分之日起，5 年内不得担任任何生产经营单位的主要负责人。

为发生事故的单位提供虚假证明的中介机构，由有关部门依法暂扣或者吊销其有关证照及其相关人员的执业资格；构成犯罪的，依法追究刑事责任。

第四十一条 参与事故调查的人员在事故调查中有下列行为之一的，依法给予处分；构成犯罪的，依法追究刑事责任：

（一）对事故调查工作不负责任，致使事故调查工作有重大疏漏的；

（二）包庇、袒护负有事故责任的人员或者借机打击报复的。

第四十二条 违反本条例规定，有关地方人民政府或者有关部门故意拖延或者拒绝落实经批复的对事故责任人的处理意见的，由监察机关对有关责任人员依法给予处分。

第四十三条 本条例规定的罚款的行政处罚，由安全生产监督管理部门决定。

法律、行政法规对行政处罚的种类、幅度和决定机关另有规定的，依照其规定。

第六章　附　　则

第四十四条　没有造成人员伤亡，但是社会影响恶劣的事故，国务院或者有关地方人民政府认为需要调查处理的，依照本条例的有关规定执行。

国家机关、事业单位、人民团体发生的事故的报告和调查处理，参照本条例的规定执行。

第四十五条　特别重大事故以下等级事故的报告和调查处理，有关法律、行政法规或者国务院另有规定的，依照其规定。

第四十六条　本条例自 2007 年 6 月 1 日起施行。国务院 1989 年 3 月 29 日公布的《特别重大事故调查程序暂行规定》和 1991 年 2 月 22 日公布的《企业职工伤亡事故报告和处理规定》同时废止。

安全生产许可证条例

（2004 年 1 月 13 日中华人民共和国国务院令第 397 号公布　根据 2013 年 7 月 18 日《国务院关于废止和修改部分行政法规的决定》第一次修订　根据 2014 年 7 月 29 日《国务院关于修改部分行政法规的决定》第二次修订）

第一条　为了严格规范安全生产条件，进一步加强安全生产监督管理，防止和减少生产安全事故，根据《中华人民共和国安全生产法》的有关规定，制定本条例。

第二条　国家对矿山企业、建筑施工企业和危险化学品、烟花爆竹、民用爆炸物品生产企业（以下统称企业）实行安全生产许可制度。

企业未取得安全生产许可证的，不得从事生产活动。

第三条　国务院安全生产监督管理部门负责中央管理的非煤矿矿山企业和危险化学品、烟花爆竹生产企业安全生产许可证的颁发和管理。

省、自治区、直辖市人民政府安全生产监督管理部门负责前款规定以外的非煤矿矿山企业和危险化学品、烟花爆竹生产企业安全生产许可证的颁发和管理，并接受国务院安全生产监督管理部门的指导和监督。

国家煤矿安全监察机构负责中央管理的煤矿企业安全生产许可证的颁发和管理。

在省、自治区、直辖市设立的煤矿安全监察机构负责前款规定以外的其他煤矿企业安全生产许可证的颁发和管理，并接受国家煤矿安全监察机构的指导和监督。

第四条 省、自治区、直辖市人民政府建设主管部门负责建筑施工企业安全生产许可证的颁发和管理，并接受国务院建设主管部门的指导和监督。

第五条 省、自治区、直辖市人民政府民用爆炸物品行业主管部门负责民用爆炸物品生产企业安全生产许可证的颁发和管理，并接受国务院民用爆炸物品行业主管部门的指导和监督。

第六条 企业取得安全生产许可证，应当具备下列安全生产条件：

（一）建立、健全安全生产责任制，制定完备的安全生产规章制度和操作规程；

（二）安全投入符合安全生产要求；

（三）设置安全生产管理机构，配备专职安全生产管理人员；

（四）主要负责人和安全生产管理人员经考核合格；

（五）特种作业人员经有关业务主管部门考核合格，取得特种作业操作资格证书；

（六）从业人员经安全生产教育和培训合格；

（七）依法参加工伤保险，为从业人员缴纳保险费；

（八）厂房、作业场所和安全设施、设备、工艺符合有关安全生产法律、法规、标准和规程的要求；

（九）有职业危害防治措施，并为从业人员配备符合国家标准或者行业标准的劳动防护用品；

（十）依法进行安全评价；

（十一）有重大危险源检测、评估、监控措施和应急预案；

（十二）有生产安全事故应急救援预案、应急救援组织或者应急救援人员，配备必要的应急救援器材、设备；

（十三）法律、法规规定的其他条件。

第七条 企业进行生产前，应当依照本条例的规定向安全生产许可证颁发管理机关申请领取安全生产许可证，并提供本条例第六条规定的相关文件、资料。安全生产许可证颁发管理机关应当自收到申请之日起45日内审查完毕，经审查符合本条例规定的安全生产条件的，颁发安全生产许可证；不符合本条例规定的安全生产条件的，不予颁发安全生产许可证，书面通知企业并说明理由。

煤矿企业应当以矿（井）为单位，依照本条例的规定取得安全生产许可证。

第八条 安全生产许可证由国务院安全生产监督管理部门规定统一的式样。

第九条 安全生产许可证的有效期为3年。安全生产许可证有效期满需要延期的，企业应当于期满前3个月向原安全生产许可证颁发管理机关办理延期手续。

企业在安全生产许可证有效期内,严格遵守有关安全生产的法律法规,未发生死亡事故的,安全生产许可证有效期届满时,经原安全生产许可证颁发管理机关同意,不再审查,安全生产许可证有效期延期3年。

第十条 安全生产许可证颁发管理机关应当建立、健全安全生产许可证档案管理制度,并定期向社会公布企业取得安全生产许可证的情况。

第十一条 煤矿企业安全生产许可证颁发管理机关、建筑施工企业安全生产许可证颁发管理机关、民用爆炸物品生产企业安全生产许可证颁发管理机关,应当每年向同级安全生产监督管理部门通报其安全生产许可证颁发和管理情况。

第十二条 国务院安全生产监督管理部门和省、自治区、直辖市人民政府安全生产监督管理部门对建筑施工企业、民用爆炸物品生产企业、煤矿企业取得安全生产许可证的情况进行监督。

第十三条 企业不得转让、冒用安全生产许可证或者使用伪造的安全生产许可证。

第十四条 企业取得安全生产许可证后,不得降低安全生产条件,并应当加强日常安全生产管理,接受安全生产许可证颁发管理机关的监督检查。

安全生产许可证颁发管理机关应当加强对取得安全生产许可证的企业的监督检查,发现其不再具备本条例规定的安全生产条件的,应当暂扣或者吊销安全生产许可证。

第十五条 安全生产许可证颁发管理机关工作人员在安全生产许可证颁发、管理和监督检查工作中,不得索取或者接受企业的财物,不得谋取其他利益。

第十六条 监察机关依照《中华人民共和国行政监察法》的规定,对安全生产许可证颁发管理机关及其工作人员履行本条例规定的职责实施监察。

第十七条 任何单位或者个人对违反本条例规定的行为,有权向安全生产许可证颁发管理机关或者监察机关等有关部门举报。

第十八条 安全生产许可证颁发管理机关工作人员有下列行为之一的,给予降级或者撤职的行政处分;构成犯罪的,依法追究刑事责任:

(一)向不符合本条例规定的安全生产条件的企业颁发安全生产许可证的;

(二)发现企业未依法取得安全生产许可证擅自从事生产活动,不依法处理的;

(三)发现取得安全生产许可证的企业不再具备本条例规定的安全生产条件,不依法处理的;

(四)接到对违反本条例规定行为的举报后,不及时处理的;

（五）在安全生产许可证颁发、管理和监督检查工作中，索取或者接受企业的财物，或者谋取其他利益的。

第十九条 违反本条例规定，未取得安全生产许可证擅自进行生产的，责令停止生产，没收违法所得，并处 10 万元以上 50 万元以下的罚款；造成重大事故或者其他严重后果，构成犯罪的，依法追究刑事责任。

第二十条 违反本条例规定，安全生产许可证有效期满未办理延期手续，继续进行生产的，责令停止生产，限期补办延期手续，没收违法所得，并处 5 万元以上 10 万元以下的罚款；逾期仍不办理延期手续，继续进行生产的，依照本条例第十九条的规定处罚。

第二十一条 违反本条例规定，转让安全生产许可证的，没收违法所得，处 10 万元以上 50 万元以下的罚款，并吊销其安全生产许可证；构成犯罪的，依法追究刑事责任；接受转让的，依照本条例第十九条的规定处罚。

冒用安全生产许可证或者使用伪造的安全生产许可证的，依照本条例第十九条的规定处罚。

第二十二条 本条例施行前已经进行生产的企业，应当自本条例施行之日起 1 年内，依照本条例的规定向安全生产许可证颁发管理机关申请办理安全生产许可证；逾期不办理安全生产许可证，或者经审查不符合本条例规定的安全生产条件，未取得安全生产许可证，继续进行生产的，依照本条例第十九条的规定处罚。

第二十三条 本条例规定的行政处罚，由安全生产许可证颁发管理机关决定。

第二十四条 本条例自公布之日起施行。

生产安全事故应急条例

（2018 年 12 月 5 日国务院第 33 次常务会议通过 2019 年 2 月 17 日中华人民共和国国务院令第 708 号公布 自 2019 年 4 月 1 日起施行）

第一章 总 则

第一条 为了规范生产安全事故应急工作，保障人民群众生命和财产安全，根据《中华人民共和国安全生产法》和《中华人民共和国突发事件应对法》，制定本条例。

第二条 本条例适用于生产安全事故应急工作；法律、行政法规另有规定的,适用其规定。

第三条 国务院统一领导全国的生产安全事故应急工作,县级以上地方人民政府统一领导本行政区域内的生产安全事故应急工作。生产安全事故应急工作涉及两个以上行政区域的,由有关行政区域共同的上一级人民政府负责,或者由各有关行政区域的上一级人民政府共同负责。

县级以上人民政府应急管理部门和其他对有关行业、领域的安全生产工作实施监督管理的部门(以下统称负有安全生产监督管理职责的部门)在各自职责范围内,做好有关行业、领域的生产安全事故应急工作。

县级以上人民政府应急管理部门指导、协调本级人民政府其他负有安全生产监督管理职责的部门和下级人民政府的生产安全事故应急工作。

乡、镇人民政府以及街道办事处等地方人民政府派出机关应当协助上级人民政府有关部门依法履行生产安全事故应急工作职责。

第四条 生产经营单位应当加强生产安全事故应急工作,建立、健全生产安全事故应急工作责任制,其主要负责人对本单位的生产安全事故应急工作全面负责。

第二章 应急准备

第五条 县级以上人民政府及其负有安全生产监督管理职责的部门和乡、镇人民政府以及街道办事处等地方人民政府派出机关,应当针对可能发生的生产安全事故的特点和危害,进行风险辨识和评估,制定相应的生产安全事故应急救援预案,并依法向社会公布。

生产经营单位应当针对本单位可能发生的生产安全事故的特点和危害,进行风险辨识和评估,制定相应的生产安全事故应急救援预案,并向本单位从业人员公布。

第六条 生产安全事故应急救援预案应当符合有关法律、法规、规章和标准的规定,具有科学性、针对性和可操作性,明确规定应急组织体系、职责分工以及应急救援程序和措施。

有下列情形之一的,生产安全事故应急救援预案制定单位应当及时修订相关预案:

(一)制定预案所依据的法律、法规、规章、标准发生重大变化;
(二)应急指挥机构及其职责发生调整;
(三)安全生产面临的风险发生重大变化;
(四)重要应急资源发生重大变化;
(五)在预案演练或者应急救援中发现需要修订预案的重大问题;
(六)其他应当修订的情形。

第七条 县级以上人民政府负有安全生产监督管理职责的部门应当将其制定的生产安全事故应急救援预案报送本级人民政府备案；易燃易爆物品、危险化学品等危险物品的生产、经营、储存、运输单位，矿山、金属冶炼、城市轨道交通运营、建筑施工单位，以及宾馆、商场、娱乐场所、旅游景区等人员密集场所经营单位，应当将其制定的生产安全事故应急救援预案按照国家有关规定报送县级以上人民政府负有安全生产监督管理职责的部门备案，并依法向社会公布。

第八条 县级以上地方人民政府以及县级以上人民政府负有安全生产监督管理职责的部门，乡、镇人民政府以及街道办事处等地方人民政府派出机关，应当至少每2年组织1次生产安全事故应急救援预案演练。

易燃易爆物品、危险化学品等危险物品的生产、经营、储存、运输单位，矿山、金属冶炼、城市轨道交通运营、建筑施工单位，以及宾馆、商场、娱乐场所、旅游景区等人员密集场所经营单位，应当至少每半年组织1次生产安全事故应急救援预案演练，并将演练情况报送所在地县级以上地方人民政府负有安全生产监督管理职责的部门。

县级以上地方人民政府负有安全生产监督管理职责的部门应当对本行政区域内前款规定的重点生产经营单位的生产安全事故应急救援预案演练进行抽查；发现演练不符合要求的，应当责令限期改正。

第九条 县级以上人民政府应当加强对生产安全事故应急救援队伍建设的统一规划、组织和指导。

县级以上人民政府负有安全生产监督管理职责的部门根据生产安全事故应急工作的实际需要，在重点行业、领域单独建立或者依托有条件的生产经营单位、社会组织共同建立应急救援队伍。

国家鼓励和支持生产经营单位和其他社会力量建立提供社会化应急救援服务的应急救援队伍。

第十条 易燃易爆物品、危险化学品等危险物品的生产、经营、储存、运输单位，矿山、金属冶炼、城市轨道交通运营、建筑施工单位，以及宾馆、商场、娱乐场所、旅游景区等人员密集场所经营单位，应当建立应急救援队伍；其中，小型企业或者微型企业等规模较小的生产经营单位，可以不建立应急救援队伍，但应当指定兼职的应急救援人员，并且可以与邻近的应急救援队伍签订应急救援协议。

工业园区、开发区等产业聚集区域内的生产经营单位，可以联合建立应急救援队伍。

第十一条 应急救援队伍的应急救援人员应当具备必要的专业知识、技能、身体素质和心理素质。

应急救援队伍建立单位或者兼职应急救援人员所在单位应当按照国家有关规定对应急救援人员进行培训；应急救援人员经培训合格后，方可参加应急救援工作。

应急救援队伍应当配备必要的应急救援装备和物资，并定期组织训练。

第十二条 生产经营单位应当及时将本单位应急救援队伍建立情况按照国家有关规定报送县级以上人民政府负有安全生产监督管理职责的部门，并依法向社会公布。

县级以上人民政府负有安全生产监督管理职责的部门应当定期将本行业、本领域的应急救援队伍建立情况报送本级人民政府，并依法向社会公布。

第十三条 县级以上地方人民政府应当根据本行政区域内可能发生的生产安全事故的特点和危害，储备必要的应急救援装备和物资，并及时更新和补充。

易燃易爆物品、危险化学品等危险物品的生产、经营、储存、运输单位，矿山、金属冶炼、城市轨道交通运营、建筑施工单位，以及宾馆、商场、娱乐场所、旅游景区等人员密集场所经营单位，应当根据本单位可能发生的生产安全事故的特点和危害，配备必要的灭火、排水、通风以及危险物品稀释、掩埋、收集等应急救援器材、设备和物资，并进行经常性维护、保养，保证正常运转。

第十四条 下列单位应当建立应急值班制度，配备应急值班人员：

（一）县级以上人民政府及其负有安全生产监督管理职责的部门；

（二）危险物品的生产、经营、储存、运输单位以及矿山、金属冶炼、城市轨道交通运营、建筑施工单位；

（三）应急救援队伍。

规模较大、危险性较高的易燃易爆物品、危险化学品等危险物品的生产、经营、储存、运输单位应当成立应急处置技术组，实行 24 小时应急值班。

第十五条 生产经营单位应当对从业人员进行应急教育和培训，保证从业人员具备必要的应急知识，掌握风险防范技能和事故应急措施。

第十六条 国务院负有安全生产监督管理职责的部门应当按照国家有关规定建立生产安全事故应急救援信息系统，并采取有效措施，实现数据互联互通、信息共享。

生产经营单位可以通过生产安全事故应急救援信息系统办理生产安全事故应急救援预案备案手续，报送应急救援预案演练情况和应急救援队伍建设情况；但依法需要保密的除外。

第三章　应　急　救　援

第十七条 发生生产安全事故后，生产经营单位应当立即启动生产安全事故应急救援预案，采取下列一项或者多项应急救援措施，并按照国家有关规定报告事故情况：

（一）迅速控制危险源，组织抢救遇险人员；

（二）根据事故危害程度，组织现场人员撤离或者采取可能的应急措施后撤离；

（三）及时通知可能受到事故影响的单位和人员；

（四）采取必要措施，防止事故危害扩大和次生、衍生灾害发生；

（五）根据需要请求邻近的应急救援队伍参加救援，并向参加救援的应急救援队伍提供相关技术资料、信息和处置方法；

（六）维护事故现场秩序，保护事故现场和相关证据；

（七）法律、法规规定的其他应急救援措施。

第十八条 有关地方人民政府及其部门接到生产安全事故报告后，应当按照国家有关规定上报事故情况，启动相应的生产安全事故应急救援预案，并按照应急救援预案的规定采取下列一项或者多项应急救援措施：

（一）组织抢救遇险人员，救治受伤人员，研判事故发展趋势以及可能造成的危害；

（二）通知可能受到事故影响的单位和人员，隔离事故现场，划定警戒区域，疏散受到威胁的人员，实施交通管制；

（三）采取必要措施，防止事故危害扩大和次生、衍生灾害发生，避免或者减少事故对环境造成的危害；

（四）依法发布调用和征用应急资源的决定；

（五）依法向应急救援队伍下达救援命令；

（六）维护事故现场秩序，组织安抚遇险人员和遇险遇难人员亲属；

（七）依法发布有关事故情况和应急救援工作的信息；

（八）法律、法规规定的其他应急救援措施。

有关地方人民政府不能有效控制生产安全事故的，应当及时向上级人民政府报告。上级人民政府应当及时采取措施，统一指挥应急救援。

第十九条 应急救援队伍接到有关人民政府及其部门的救援命令或者签有应急救援协议的生产经营单位的救援请求后，应当立即参加生产安全事故应急救援。

应急救援队伍根据救援命令参加生产安全事故应急救援所耗费用，由事故责任单位承担；事故责任单位无力承担的，由有关人民政府协调解决。

第二十条 发生生产安全事故后，有关人民政府认为有必要的，可以设立由本级人民政府及其有关部门负责人、应急救援专家、应急救援队伍负责人、事故发生单位负责人等人员组成的应急救援现场指挥部，并指定现场指挥部总指挥。

第二十一条 现场指挥部实行总指挥负责制，按照本级人民政府的授权组织制定并实施生产安全事故现场应急救援方案，协调、指挥有关单位和个人参加现场应急救援。

参加生产安全事故现场应急救援的单位和个人应当服从现场指挥部的统一指挥。

第二十二条 在生产安全事故应急救援过程中，发现可能直接危及应急救援人员生命安全的紧急情况时，现场指挥部或者统一指挥应急救援的人民政府应当立即采取相应措施消除隐患，降低或者化解风险，必要时可以暂时撤离应急救援人员。

第二十三条 生产安全事故发生地人民政府应当为应急救援人员提供必需的后勤保障，并组织通信、交通运输、医疗卫生、气象、水文、地质、电力、供水等单位协助应急救援。

第二十四条 现场指挥部或者统一指挥生产安全事故应急救援的人民政府及其有关部门应当完整、准确地记录应急救援的重要事项，妥善保存相关原始资料和证据。

第二十五条 生产安全事故的威胁和危害得到控制或者消除后，有关人民政府应当决定停止执行依照本条例和有关法律、法规采取的全部或者部分应急救援措施。

第二十六条 有关人民政府及其部门根据生产安全事故应急救援需要依法调用和征用的财产，在使用完毕或者应急救援结束后，应当及时归还。财产被调用、征用或者调用、征用后毁损、灭失的，有关人民政府及其部门应当按照国家有关规定给予补偿。

第二十七条 按照国家有关规定成立的生产安全事故调查组应当对应急救援工作进行评估，并在事故调查报告中作出评估结论。

第二十八条 县级以上地方人民政府应当按照国家有关规定，对在生产安全事故应急救援中伤亡的人员及时给予救治和抚恤；符合烈士评定条件的，按照国家有关规定评定为烈士。

第四章 法律责任

第二十九条 地方各级人民政府和街道办事处等地方人民政府派出机关以及县级以上人民政府有关部门违反本条例规定的，由其上级行政机关责令改正；情节严重的，对直接负责的主管人员和其他直接责任人员依法给予处分。

第三十条 生产经营单位未制定生产安全事故应急救援预案、未定期组织应急救援预案演练、未对从业人员进行应急教育和培训，生产经营单位的主要负责人在本单位发生生产安全事故时不立即组织抢救的，由县级以上人民政府负有安全生产监督管理职责的部门依照《中华人民共和国安全生产法》有关规定追究法律责任。

第三十一条　生产经营单位未对应急救援器材、设备和物资进行经常性维护、保养，导致发生严重生产安全事故或者生产安全事故危害扩大，或者在本单位发生生产安全事故后未立即采取相应的应急救援措施，造成严重后果的，由县级以上人民政府负有安全生产监督管理职责的部门依照《中华人民共和国突发事件应对法》有关规定追究法律责任。

第三十二条　生产经营单位未将生产安全事故应急救援预案报送备案、未建立应急值班制度或者配备应急值班人员的，由县级以上人民政府负有安全生产监督管理职责的部门责令限期改正；逾期未改正的，处3万元以上5万元以下的罚款，对直接负责的主管人员和其他直接责任人员处1万元以上2万元以下的罚款。

第三十三条　违反本条例规定，构成违反治安管理行为的，由公安机关依法给予处罚；构成犯罪的，依法追究刑事责任。

第五章　附　　则

第三十四条　储存、使用易燃易爆物品、危险化学品等危险物品的科研机构、学校、医院等单位的安全事故应急工作，参照本条例有关规定执行。

第三十五条　本条例自2019年4月1日起施行。

国务院关于特大安全事故行政责任追究的规定

（2001年4月21日中华人民共和国国务院令第302号公布　自公布之日起施行）

第一条　为了有效地防范特大安全事故的发生，严肃追究特大安全事故的行政责任，保障人民群众生命、财产安全，制定本规定。

第二条　地方人民政府主要领导人和政府有关部门正职负责人对下列特大安全事故的防范、发生，依照法律、行政法规和本规定的规定有失职、渎职情形或者负有领导责任的，依照本规定给予行政处分；构成玩忽职守罪或者其他罪的，依法追究刑事责任：

（一）特大火灾事故；

（二）特大交通安全事故；

（三）特大建筑质量安全事故；

（四）民用爆炸物品和化学危险品特大安全事故；
（五）煤矿和其他矿山特大安全事故；
（六）锅炉、压力容器、压力管道和特种设备特大安全事故；
（七）其他特大安全事故。

地方人民政府和政府有关部门对特大安全事故的防范、发生直接负责的主管人员和其他直接责任人员，比照本规定给予行政处分；构成玩忽职守罪或者其他罪的，依法追究刑事责任。

特大安全事故肇事单位和个人的刑事处罚、行政处罚和民事责任，依照有关法律、法规和规章的规定执行。

第三条 特大安全事故的具体标准，按照国家有关规定执行。

第四条 地方各级人民政府及政府有关部门应当依照有关法律、法规和规章的规定，采取行政措施，对本地区实施安全监督管理，保障本地区人民群众生命、财产安全，对本地区或者职责范围内防范特大安全事故的发生、特大安全事故发生后的迅速和妥善处理负责。

第五条 地方各级人民政府应当每个季度至少召开一次防范特大安全事故工作会议，由政府主要领导人或者政府主要领导人委托政府分管领导人召集有关部门正职负责人参加，分析、布置、督促、检查本地区防范特大安全事故的工作。会议应当作出决定并形成纪要，会议确定的各项防范措施必须严格实施。

第六条 市（地、州）、县（市、区）人民政府应当组织有关部门按照职责分工对本地区容易发生特大安全事故的单位、设施和场所安全事故的防范明确责任、采取措施，并组织有关部门对上述单位、设施和场所进行严格检查。

第七条 市（地、州）、县（市、区）人民政府必须制定本地区特大安全事故应急处理预案。本地区特大安全事故应急处理预案经政府主要领导人签署后，报上一级人民政府备案。

第八条 市（地、州）、县（市、区）人民政府应当组织有关部门对本规定第二条所列各类特大安全事故的隐患进行查处；发现特大安全事故隐患的，责令立即排除；特大安全事故隐患排除前或者排除过程中，无法保证安全的，责令暂时停产、停业或者停止使用。法律、行政法规对查处机关另有规定的，依照其规定。

第九条 市（地、州）、县（市、区）人民政府及其有关部门对本地区存在的特大安全事故隐患，超出其管辖或者职责范围的，应当立即向有管辖权或者负有职责的上级人民政府或者政府有关部门报告；情况紧急的，可以立即采取包括责令暂时停产、停业在内的紧急措施，同时报告；有关上级人民政府或者政府有关部门接到报告后，应当立即组织查处。

第十条 中小学校对学生进行劳动技能教育以及组织学生参加公益劳动

等社会实践活动,必须确保学生安全。严禁以任何形式、名义组织学生从事接触易燃、易爆、有毒、有害等危险品的劳动或者其他危险性劳动。严禁将学校场地出租作为从事易燃、易爆、有毒、有害等危险品的生产、经营场所。

中小学校违反前款规定的,按照学校隶属关系,对县(市、区)、乡(镇)人民政府主要领导人和县(市、区)人民政府教育行政部门正职负责人,根据情节轻重,给予记过、降级直至撤职的行政处分;构成玩忽职守罪或者其他罪的,依法追究刑事责任。

中小学校违反本条第一款规定的,对校长给予撤职的行政处分,对直接组织者给予开除公职的行政处分;构成非法制造爆炸物罪或者其他罪的,依法追究刑事责任。

第十一条 依法对涉及安全生产事项负责行政审批(包括批准、核准、许可、注册、认证、颁发证照、竣工验收等,下同)的政府部门或者机构,必须严格依照法律、法规和规章规定的安全条件和程序进行审查;不符合法律、法规和规章规定的安全条件的,不得批准;不符合法律、法规和规章规定的安全条件,弄虚作假,骗取批准或者勾结串通行政审批工作人员取得批准的,负责行政审批的政府部门或者机构除必须立即撤销原批准外,应当对弄虚作假骗取批准或者勾结串通行政审批工作人员的当事人依法给予行政处罚;构成行贿罪或者其他罪的,依法追究刑事责任。

负责行政审批的政府部门或者机构违反前款规定,对不符合法律、法规和规章规定的安全条件予以批准的,对部门或者机构的正职负责人,根据情节轻重,给予降级、撤职直至开除公职的行政处分;与当事人勾结串通的,应当开除公职;构成受贿罪、玩忽职守罪或者其他罪的,依法追究刑事责任。

第十二条 对依照本规定第十一条第一款的规定取得批准的单位和个人,负责行政审批的政府部门或者机构必须对其实施严格监督检查;发现其不再具备安全条件的,必须立即撤销原批准。

负责行政审批的政府部门或者机构违反前款规定,不对取得批准的单位和个人实施严格监督检查,或者发现其不再具备安全条件而不立即撤销原批准的,对部门或者机构的正职负责人,根据情节轻重,给予降级或者撤职的行政处分;构成受贿罪、玩忽职守罪或者其他罪的,依法追究刑事责任。

第十三条 对未依法取得批准,擅自从事有关活动的,负责行政审批的政府部门或者机构发现或者接到举报后,应当立即予以查封、取缔,并依法给予行政处罚;属于经营单位的,由工商行政管理部门依法相应吊销营业执照。

负责行政审批的政府部门或者机构违反前款规定,对发现或者举报的未依法取得批准而擅自从事有关活动的,不予查封、取缔、不依法给予行政处罚,工商行政管理部门不予吊销营业执照的,对部门或者机构的正职负责人,根据情节轻重,给予降级或者撤职的行政处分;构成受贿罪、玩忽职守罪或者其他罪的，依法追究刑事责任。

第十四条 市（地、州）、县（市、区）人民政府依照本规定应当履行职责而未履行，或者未按照规定的职责和程序履行，本地区发生特大安全事故的，对政府主要领导人，根据情节轻重，给予降级或者撤职的行政处分；构成玩忽职守罪的，依法追究刑事责任。

负责行政审批的政府部门或者机构、负责安全监督管理的政府有关部门，未依照本规定履行职责，发生特大安全事故的，对部门或者机构的正职负责人，根据情节轻重，给予撤职或者开除公职的行政处分；构成玩忽职守罪或者其他罪的，依法追究刑事责任。

第十五条 发生特大安全事故，社会影响特别恶劣或者性质特别严重的，由国务院对负有领导责任的省长、自治区主席、直辖市市长和国务院有关部门正职负责人给予行政处分。

第十六条 特大安全事故发生后，有关县（市、区）、市（地、州）和省、自治区、直辖市人民政府及政府有关部门应当按照国家规定的程序和时限立即上报，不得隐瞒不报、谎报或者拖延报告，并应当配合、协助事故调查，不得以任何方式阻碍、干涉事故调查。

特大安全事故发生后，有关地方人民政府及政府有关部门违反前款规定的，对政府主要领导人和政府部门正职负责人给予降级的行政处分。

第十七条 特大安全事故发生后，有关地方人民政府应当迅速组织救助，有关部门应当服从指挥、调度，参加或者配合救助，将事故损失降到最低限度。

第十八条 特大安全事故发生后，省、自治区、直辖市人民政府应当按照国家有关规定迅速、如实发布事故消息。

第十九条 特大安全事故发生后，按照国家有关规定组织调查组对事故进行调查。事故调查工作应当自事故发生之日起60日内完成，并由调查组提出调查报告；遇有特殊情况的，经调查组提出并报国家安全生产监督管理机构批准后，可以适当延长时间。调查报告应当包括依照本规定对有关责任人员追究行政责任或者其他法律责任的意见。

省、自治区、直辖市人民政府应当自调查报告提交之日起30日内，对有关责任人员作出处理决定；必要时，国务院可以对特大安全事故的有关责任人员作出处理决定。

第二十条 地方人民政府或者政府部门阻挠、干涉对特大安全事故有关责任人员追究行政责任的，对该地方人民政府主要领导人或者政府部门正职负责人，根据情节轻重，给予降级或者撤职的行政处分。

第二十一条 任何单位和个人均有权向有关地方人民政府或者政府部门报告特大安全事故隐患，有权向上级人民政府或者政府部门举报地方人民政府或者政府部门不履行安全监督管理职责或者不按照规定履行职责的情况。

接到报告或者举报的有关人民政府或者政府部门，应当立即组织对事故隐患进行查处，或者对举报的不履行、不按照规定履行安全监督管理职责的情况进行调查处理。

第二十二条 监察机关依照行政监察法的规定，对地方各级人民政府和政府部门及其工作人员履行安全监督管理职责实施监察。

第二十三条 对特大安全事故以外的其他安全事故的防范、发生追究行政责任的办法，由省、自治区、直辖市人民政府参照本规定制定。

第二十四条 本规定自公布之日起施行。

生产安全事故应急预案管理办法

(2016年6月3日国家安全生产监督管理总局令第88号公布 根据2019年7月11日应急管理部《关于修改〈生产安全事故应急预案管理办法〉的决定》修订)

第一章 总 则

第一条 为规范生产安全事故应急预案管理工作，迅速有效处置生产安全事故，依据《中华人民共和国突发事件应对法》《中华人民共和国安全生产法》《生产安全事故应急条例》等法律、行政法规和《突发事件应急预案管理办法》(国办发〔2013〕101号)，制定本办法。

第二条 生产安全事故应急预案（以下简称应急预案）的编制、评审、公布、备案、实施及监督管理工作，适用本办法。

第三条 应急预案的管理实行属地为主、分级负责、分类指导、综合协调、动态管理的原则。

第四条 应急管理部负责全国应急预案的综合协调管理工作。国务院其他负有安全生产监督管理职责的部门在各自职责范围内，负责相关行业、领域应急预案的管理工作。

县级以上地方各级人民政府应急管理部门负责本行政区域内应急预案的综合协调管理工作。县级以上地方各级人民政府其他负有安全生产监督管理职责的部门按照各自的职责负责有关行业、领域应急预案的管理工作。

第五条 生产经营单位主要负责人负责组织编制和实施本单位的应急预案，并对应急预案的真实性和实用性负责；各分管负责人应当按照职责分工落实应急预案规定的职责。

第六条 生产经营单位应急预案分为综合应急预案、专项应急预案和现场处置方案。

综合应急预案，是指生产经营单位为应对各种生产安全事故而制定的综合性工作方案，是本单位应对生产安全事故的总体工作程序、措施和应急预案体系的总纲。

专项应急预案，是指生产经营单位为应对某一种或者多种类型生产安全事故，或者针对重要生产设施、重大危险源、重大活动防止生产安全事故而制定的专项性工作方案。

现场处置方案，是指生产经营单位根据不同生产安全事故类型，针对具体场所、装置或者设施所制定的应急处置措施。

第二章 应急预案的编制

第七条 应急预案的编制应当遵循以人为本、依法依规、符合实际、注重实效的原则，以应急处置为核心，明确应急职责、规范应急程序、细化保障措施。

第八条 应急预案的编制应当符合下列基本要求：
（一）有关法律、法规、规章和标准的规定；
（二）本地区、本部门、本单位的安全生产实际情况；
（三）本地区、本部门、本单位的危险性分析情况；
（四）应急组织和人员的职责分工明确，并有具体的落实措施；
（五）有明确、具体的应急程序和处置措施，并与其应急能力相适应；
（六）有明确的应急保障措施，满足本地区、本部门、本单位的应急工作需要；
（七）应急预案基本要素齐全、完整，应急预案附件提供的信息准确；
（八）应急预案内容与相关应急预案相互衔接。

第九条 编制应急预案应当成立编制工作小组，由本单位有关负责人任组长，吸收与应急预案有关的职能部门和单位的人员，以及有现场处置经验的人员参加。

第十条 编制应急预案前，编制单位应当进行事故风险辨识、评估和应急资源调查。

事故风险辨识、评估，是指针对不同事故种类及特点，识别存在的危险危害因素，分析事故可能产生的直接后果以及次生、衍生后果，评估各种后果的危害程度和影响范围，提出防范和控制事故风险措施的过程。

应急资源调查，是指全面调查本地区、本单位第一时间可以调用的应急资源状况和合作区域内可以请求援助的应急资源状况，并结合事故风险辨识评估结论制定应急措施的过程。

第十一条 地方各级人民政府应急管理部门和其他负有安全生产监督管理职责的部门应当根据法律、法规、规章和同级人民政府以及上一级人民政府应急管理部门和其他负有安全生产监督管理职责的部门的应急预案，结合工作实际，组织编制相应的部门应急预案。

部门应急预案应当根据本地区、本部门的实际情况，明确信息报告、响应分级、指挥权移交、警戒疏散等内容。

第十二条 生产经营单位应当根据有关法律、法规、规章和相关标准，结合本单位组织管理体系、生产规模和可能发生的事故特点，与相关预案保持衔接，确立本单位的应急预案体系，编制相应的应急预案，并体现自救互救和先期处置等特点。

第十三条 生产经营单位风险种类多、可能发生多种类型事故的，应当组织编制综合应急预案。

综合应急预案应当规定应急组织机构及其职责、应急预案体系、事故风险描述、预警及信息报告、应急响应、保障措施、应急预案管理等内容。

第十四条 对于某一种或者多种类型的事故风险，生产经营单位可以编制相应的专项应急预案，或将专项应急预案并入综合应急预案。

专项应急预案应当规定应急指挥机构与职责、处置程序和措施等内容。

第十五条 对于危险性较大的场所、装置或者设施，生产经营单位应当编制现场处置方案。

现场处置方案应当规定应急工作职责、应急处置措施和注意事项等内容。

事故风险单一、危险性小的生产经营单位，可以只编制现场处置方案。

第十六条 生产经营单位应急预案应当包括向上级应急管理机构报告的内容、应急组织机构和人员的联系方式、应急物资储备清单等附件信息。附件信息发生变化时，应当及时更新，确保准确有效。

第十七条 生产经营单位组织应急预案编制过程中，应当根据法律、法规、规章的规定或者实际需要，征求相关应急救援队伍、公民、法人或者其他组织的意见。

第十八条 生产经营单位编制的各类应急预案之间应当相互衔接，并与相关人民政府及其部门、应急救援队伍和涉及的其他单位的应急预案相衔接。

第十九条 生产经营单位应当在编制应急预案的基础上，针对工作场所、岗位的特点，编制简明、实用、有效的应急处置卡。

应急处置卡应当规定重点岗位、人员的应急处置程序和措施，以及相关联络人员和联系方式，便于从业人员携带。

第三章 应急预案的评审、公布和备案

第二十条 地方各级人民政府应急管理部门应当组织有关专家对本部门

编制的部门应急预案进行审定；必要时，可以召开听证会，听取社会有关方面的意见。

第二十一条 矿山、金属冶炼企业和易燃易爆物品、危险化学品的生产、经营（带储存设施的，下同）、储存、运输企业，以及使用危险化学品达到国家规定数量的化工企业、烟花爆竹生产、批发经营企业和中型规模以上的其他生产经营单位，应当对本单位编制的应急预案进行评审，并形成书面评审纪要。

前款规定以外的其他生产经营单位可以根据自身需要，对本单位编制的应急预案进行论证。

第二十二条 参加应急预案评审的人员应当包括有关安全生产及应急管理方面的专家。

评审人员与所评审应急预案的生产经营单位有利害关系的，应当回避。

第二十三条 应急预案的评审或者论证应当注重基本要素的完整性、组织体系的合理性、应急处置程序和措施的针对性、应急保障措施的可行性、应急预案的衔接性等内容。

第二十四条 生产经营单位的应急预案经评审或者论证后，由本单位主要负责人签署，向本单位从业人员公布，并及时发放到本单位有关部门、岗位和相关应急救援队伍。

事故风险可能影响周边其他单位、人员的，生产经营单位应当将有关事故风险的性质、影响范围和应急防范措施告知周边的其他单位和人员。

第二十五条 地方各级人民政府应急管理部门的应急预案，应当报同级人民政府备案，同时抄送上一级人民政府应急管理部门，并依法向社会公布。

地方各级人民政府其他负有安全生产监督管理职责的部门的应急预案，应当抄送同级人民政府应急管理部门。

第二十六条 易燃易爆物品、危险化学品等危险物品的生产、经营、储存、运输单位，矿山、金属冶炼、城市轨道交通运营、建筑施工单位，以及宾馆、商场、娱乐场所、旅游景区等人员密集场所经营单位，应当在应急预案公布之日起20个工作日内，按照分级属地原则，向县级以上人民政府应急管理部门和其他负有安全生产监督管理职责的部门进行备案，并依法向社会公布。

前款所列单位属于中央企业的，其总部（上市公司）的应急预案，报国务院主管的负有安全生产监督管理职责的部门备案，并抄送应急管理部；其所属单位的应急预案报所在地的省、自治区、直辖市或者设区的市级人民政府主管的负有安全生产监督管理职责的部门备案，并抄送同级人民政府应急管理部门。

本条第一款所列单位不属于中央企业的，其中非煤矿山、金属冶炼和危险化学品生产、经营、储存、运输企业，以及使用危险化学品达到国家规定数量的化工企业、烟花爆竹生产、批发经营企业的应急预案，按照隶属关系报所在地县级以上地方人民政府应急管理部门备案；本款前述单位以外的其他生产经营单位应急预案的备案，由省、自治区、直辖市人民政府负有安全生产监督管理职责的部门确定。

油气输送管道运营单位的应急预案，除按照本条第一款、第二款的规定备案外，还应当抄送所经行政区域的县级人民政府应急管理部门。

海洋石油开采企业的应急预案，除按照本条第一款、第二款的规定备案外，还应当抄送所经行政区域的县级人民政府应急管理部门和海洋石油安全监管机构。

煤矿企业的应急预案除按照本条第一款、第二款的规定备案外，还应当抄送所在地的煤矿安全监察机构。

第二十七条　生产经营单位申报应急预案备案，应当提交下列材料：

（一）应急预案备案申报表；
（二）本办法第二十一条所列单位，应当提供应急预案评审意见；
（三）应急预案电子文档；
（四）风险评估结果和应急资源调查清单。

第二十八条　受理备案登记的负有安全生产监督管理职责的部门应当在5个工作日内对应急预案材料进行核对，材料齐全的，应当予以备案并出具应急预案备案登记表；材料不齐全的，不予备案并一次性告知需要补齐的材料。逾期不予备案又不说明理由的，视为已经备案。

对于实行安全生产许可的生产经营单位，已经进行应急预案备案的，在申请安全生产许可证时，可以不提供相应的应急预案，仅提供应急预案备案登记表。

第二十九条　各级人民政府负有安全生产监督管理职责的部门应当建立应急预案备案登记建档制度，指导、督促生产经营单位做好应急预案的备案登记工作。

第四章　应急预案的实施

第三十条　各级人民政府应急管理部门、各类生产经营单位应当采取多种形式开展应急预案的宣传教育，普及生产安全事故避险、自救和互救知识，提高从业人员和社会公众的安全意识与应急处置技能。

第三十一条　各级人民政府应急管理部门应当将本部门应急预案的培训纳入安全生产培训工作计划，并组织实施本行政区域内重点生产经营单位的应急预案培训工作。

生产经营单位应当组织开展本单位的应急预案、应急知识、自救互救和避险逃生技能的培训活动，使有关人员了解应急预案内容，熟悉应急职责、应急处置程序和措施。

应急培训的时间、地点、内容、师资、参加人员和考核结果等情况应当如实记入本单位的安全生产教育和培训档案。

第三十二条 各级人民政府应急管理部门应当至少每两年组织一次应急预案演练，提高本部门、本地区生产安全事故应急处置能力。

第三十三条 生产经营单位应当制定本单位的应急预案演练计划，根据本单位的事故风险特点，每年至少组织一次综合应急预案演练或者专项应急预案演练，每半年至少组织一次现场处置方案演练。

易燃易爆物品、危险化学品等危险物品的生产、经营、储存、运输单位，矿山、金属冶炼、城市轨道交通运营、建筑施工单位，以及宾馆、商场、娱乐场所、旅游景区等人员密集场所经营单位，应当至少每半年组织一次生产安全事故应急预案演练，并将演练情况报送所在地县级以上地方人民政府负有安全生产监督管理职责的部门。

县级以上地方人民政府负有安全生产监督管理职责的部门应当对本行政区域内前款规定的重点生产经营单位的生产安全事故应急救援预案演练进行抽查；发现演练不符合要求的，应当责令限期改正。

第三十四条 应急预案演练结束后，应急预案演练组织单位应当对应急预案演练效果进行评估，撰写应急预案演练评估报告，分析存在的问题，并对应急预案提出修订意见。

第三十五条 应急预案编制单位应当建立应急预案定期评估制度，对预案内容的针对性和实用性进行分析，并对应急预案是否需要修订作出结论。

矿山、金属冶炼、建筑施工企业和易燃易爆物品、危险化学品等危险物品的生产、经营、储存、运输企业、使用危险化学品达到国家规定数量的化工企业、烟花爆竹生产、批发经营企业和中型规模以上的其他生产经营单位，应当每三年进行一次应急预案评估。

应急预案评估可以邀请相关专业机构或者有关专家、有实际应急救援工作经验的人员参加，必要时可以委托安全生产技术服务机构实施。

第三十六条 有下列情形之一的，应急预案应当及时修订并归档：

（一）依据的法律、法规、规章、标准及上位预案中的有关规定发生重大变化的；

（二）应急指挥机构及其职责发生调整的；

（三）安全生产面临的风险发生重大变化的；

（四）重要应急资源发生重大变化的；

（五）在应急演练和事故应急救援中发现需要修订预案的重大问题的；

（六）编制单位认为应当修订的其他情况。

第三十七条 应急预案修订涉及组织指挥体系与职责、应急处置程序、主要处置措施、应急响应分级等内容变更的，修订工作应当参照本办法规定的应急预案编制程序进行，并按照有关应急预案报备程序重新备案。

第三十八条 生产经营单位应当按照应急预案的规定，落实应急指挥体系、应急救援队伍、应急物资及装备，建立应急物资、装备配备及其使用档案，并对应急物资、装备进行定期检测和维护，使其处于适用状态。

第三十九条 生产经营单位发生事故时，应当第一时间启动应急响应，组织有关力量进行救援，并按照规定将事故信息及应急响应启动情况报告事故发生地县级以上人民政府应急管理部门和其他负有安全生产监督管理职责的部门。

第四十条 生产安全事故应急处置和应急救援结束后，事故发生单位应当对应急预案实施情况进行总结评估。

第五章 监督管理

第四十一条 各级人民政府应急管理部门和煤矿安全监察机构应当将生产经营单位应急预案工作纳入年度监督检查计划，明确检查的重点内容和标准，并严格按照计划开展执法检查。

第四十二条 地方各级人民政府应急管理部门应当每年对应急预案的监督管理工作情况进行总结，并报上一级人民政府应急管理部门。

第四十三条 对于在应急预案管理工作中做出显著成绩的单位和人员，各级人民政府应急管理部门、生产经营单位可以给予表彰和奖励。

第六章 法律责任

第四十四条 生产经营单位有下列情形之一的，由县级以上人民政府应急管理等部门依照《中华人民共和国安全生产法》第九十四条的规定，责令限期改正，可以处5万元以下罚款；逾期未改正的，责令停产停业整顿，并处5万元以上10万元以下的罚款，对直接负责的主管人员和其他直接责任人员处1万元以上2万元以下的罚款：

（一）未按照规定编制应急预案的；
（二）未按照规定定期组织应急预案演练的。

第四十五条 生产经营单位有下列情形之一的，由县级以上人民政府应急管理部门责令限期改正，可以处1万元以上3万元以下的罚款：

（一）在应急预案编制前未按照规定开展风险辨识、评估和应急资源调查的；

(二)未按照规定开展应急预案评审的;
(三)事故风险可能影响周边单位、人员的,未将事故风险的性质、影响范围和应急防范措施告知周边单位和人员的;
(四)未按照规定开展应急预案评估的;
(五)未按照规定进行应急预案修订的;
(六)未落实应急预案规定的应急物资及装备的。

生产经营单位未按照规定进行应急预案备案的,由县级以上人民政府应急管理等部门依照职责责令限期改正;逾期未改正的,处3万元以上5万元以下的罚款,对直接负责的主管人员和其他直接责任人员处1万元以上2万元以下的罚款。

第七章 附 则

第四十六条 《生产经营单位生产安全事故应急预案备案申报表》和《生产经营单位生产安全事故应急预案备案登记表》由应急管理部统一制定。

第四十七条 各省、自治区、直辖市应急管理部门可以依据本办法的规定,结合本地区实际制定实施细则。

第四十八条 对储存、使用易燃易爆物品、危险化学品等危险物品的科研机构、学校、医院等单位的安全事故应急预案的管理,参照本办法的有关规定执行。

第四十九条 本办法自2016年7月1日起施行。

最高人民法院、最高人民检察院关于办理危害生产安全刑事案件适用法律若干问题的解释

(2015年11月9日最高人民法院审判委员会第1665次会议、2015年12月9日最高人民检察院第十二届检察委员会第44次会议通过 2015年12月14日最高人民法院、最高人民检察院公告公布 自2015年12月16日起施行 法释〔2015〕22号)

为依法惩治危害生产安全犯罪,根据刑法有关规定,现就办理此类刑事案件适用法律的若干问题解释如下:

第一条 刑法第一百三十四条第一款规定的犯罪主体,包括对生产、作

业负有组织、指挥或者管理职责的负责人、管理人员、实际控制人、投资人等人员，以及直接从事生产、作业的人员。

第二条 刑法第一百三十四条第二款规定的犯罪主体，包括对生产、作业负有组织、指挥或者管理职责的负责人、管理人员、实际控制人、投资人等人员。

第三条 刑法第一百三十五条规定的"直接负责的主管人员和其他直接责任人员"，是指对安全生产设施或者安全生产条件不符合国家规定负有直接责任的生产经营单位负责人、管理人员、实际控制人、投资人，以及其他对安全生产设施或者安全生产条件负有管理、维护职责的人员。

第四条 刑法第一百三十九条之一规定的"负有报告职责的人员"，是指负有组织、指挥或者管理职责的负责人、管理人员、实际控制人、投资人，以及其他负有报告职责的人员。

第五条 明知存在事故隐患、继续作业存在危险，仍然违反有关安全管理的规定，实施下列行为之一的，应当认定为刑法第一百三十四条第二款规定的"强令他人违章冒险作业"：

（一）利用组织、指挥、管理职权，强制他人违章作业的；

（二）采取威逼、胁迫、恐吓等手段，强制他人违章作业的；

（三）故意掩盖事故隐患，组织他人违章作业的；

（四）其他强令他人违章作业的行为。

第六条 实施刑法第一百三十二条、第一百三十四条第一款、第一百三十五条、第一百三十五条之一、第一百三十六条、第一百三十九条规定的行为，因而发生安全事故，具有下列情形之一的，应当认定为"造成严重后果"或者"发生重大伤亡事故或者造成其他严重后果"，对相关责任人员，处三年以下有期徒刑或者拘役：

（一）造成死亡一人以上，或者重伤三人以上的；

（二）造成直接经济损失一百万元以上的；

（三）其他造成严重后果或者重大安全事故的情形。

实施刑法第一百三十四条第二款规定的行为，因而发生安全事故，具有本条第一款规定情形的，应当认定为"发生重大伤亡事故或者造成其他严重后果"，对相关责任人员，处五年以下有期徒刑或者拘役。

实施刑法第一百三十七条规定的行为，因而发生安全事故，具有本条第一款规定情形的，应当认定为"造成重大安全事故"，对直接责任人员，处五年以下有期徒刑或者拘役，并处罚金。

实施刑法第一百三十八条规定的行为，因而发生安全事故，具有本条第一款第一项规定情形的，应当认定为"发生重大伤亡事故"，对直接责任人员，处三年以下有期徒刑或者拘役。

第七条 实施刑法第一百三十二条、第一百三十四条第一款、第一百三十五条、第一百三十五条之一、第一百三十六条、第一百三十九条规定的行为，因而发生安全事故，具有下列情形之一的，对相关责任人员，处三年以上七年以下有期徒刑：

（一）造成死亡三人以上或者重伤十人以上，负事故主要责任的；

（二）造成直接经济损失五百万元以上，负事故主要责任的；

（三）其他造成特别严重后果、情节特别恶劣或者后果特别严重的情形。

实施刑法第一百三十四条第二款规定的行为，因而发生安全事故，具有本条第一款规定情形的，对相关责任人员，处五年以上有期徒刑。

实施刑法第一百三十七条规定的行为，因而发生安全事故，具有本条第一款规定情形的，对直接责任人员，处五年以上十年以下有期徒刑，并处罚金。

实施刑法第一百三十八条规定的行为，因而发生安全事故，具有下列情形之一的，对直接责任人员，处三年以上七年以下有期徒刑：

（一）造成死亡三人以上或者重伤十人以上，负事故主要责任的；

（二）具有本解释第六条第一款第一项规定情形，同时造成直接经济损失五百万元以上并负事故主要责任的，或者同时造成恶劣社会影响的。

第八条 在安全事故发生后，负有报告职责的人员不报或者谎报事故情况，贻误事故抢救，具有下列情形之一的，应当认定为刑法第一百三十九条之一规定的"情节严重"：

（一）导致事故后果扩大，增加死亡一人以上，或者增加重伤三人以上，或者增加直接经济损失一百万元以上的；

（二）实施下列行为之一，致使不能及时有效开展事故抢救的：

1. 决定不报、迟报、谎报事故情况或者指使、串通有关人员不报、迟报、谎报事故情况的；

2. 在事故抢救期间擅离职守或者逃匿的；

3. 伪造、破坏事故现场，或者转移、藏匿、毁灭遇难人员尸体，或者转移、藏匿受伤人员的；

4. 毁灭、伪造、隐匿与事故有关的图纸、记录、计算机数据等资料以及其他证据的；

（三）其他情节严重的情形。

具有下列情形之一的，应当认定为刑法第一百三十九条之一规定的"情节特别严重"：

（一）导致事故后果扩大，增加死亡三人以上，或者增加重伤十人以上，或者增加直接经济损失五百万元以上的；

（二）采用暴力、胁迫、命令等方式阻止他人报告事故情况，导致事故后果扩大的；

（三）其他情节特别严重的情形。

第九条 在安全事故发生后，与负有报告职责的人员串通，不报或者谎报事故情况，贻误事故抢救，情节严重的，依照刑法第一百三十九条之一的规定，以共犯论处。

第十条 在安全事故发生后，直接负责的主管人员和其他直接责任人员故意阻挠开展抢救，导致人员死亡或者重伤，或者为了逃避法律追究，对被害人进行隐藏、遗弃，致使被害人因无法得到救助而死亡或者重度残疾的，分别依照刑法第二百三十二条、第二百三十四条的规定，以故意杀人罪或者故意伤害罪定罪处罚。

第十一条 生产不符合保障人身、财产安全的国家标准、行业标准的安全设备，或者明知安全设备不符合保障人身、财产安全的国家标准、行业标准而进行销售，致使发生安全事故，造成严重后果的，依照刑法第一百四十六条的规定，以生产、销售不符合安全标准的产品罪定罪处罚。

第十二条 实施刑法第一百三十二条、第一百三十四条至第一百三十九条之一规定的犯罪行为，具有下列情形之一的，从重处罚：

（一）未依法取得安全许可证件或者安全许可证件过期、被暂扣、吊销、注销后从事生产经营活动的；

（二）关闭、破坏必要的安全监控和报警设备的；

（三）已经发现事故隐患，经有关部门或者个人提出后，仍不采取措施的；

（四）一年内曾因危害生产安全违法犯罪活动受过行政处罚或者刑事处罚的；

（五）采取弄虚作假、行贿等手段，故意逃避、阻挠负有安全监督管理职责的部门实施监督检查的；

（六）安全事故发生后转移财产意图逃避承担责任的；

（七）其他从重处罚的情形。

实施前款第五项规定的行为，同时构成刑法第三百八十九条规定的犯罪的，依照数罪并罚的规定处罚。

第十三条 实施刑法第一百三十二条、第一百三十四条至第一百三十九条之一规定的犯罪行为，在安全事故发生后积极组织、参与事故抢救，或者积极配合调查、主动赔偿损失的，可以酌情从轻处罚。

第十四条 国家工作人员违反规定投资入股生产经营，构成本解释规定的有关犯罪的，或者国家工作人员的贪污、受贿犯罪行为与安全事故发生存在关联性的，从重处罚；同时构成贪污、受贿犯罪和危害生产安全犯罪的，依照数罪并罚的规定处罚。

第十五条 国家机关工作人员在履行安全监督管理职责时滥用职权、玩忽职守，致使公共财产、国家和人民利益遭受重大损失的，或者徇私舞弊，对发现的刑事案件依法应当移交司法机关追究刑事责任而不移交，情节严重的，分别依照刑法第三百九十七条、第四百零二条的规定，以滥用职权罪、玩忽职守罪或者徇私舞弊不移交刑事案件罪定罪处罚。

公司、企业、事业单位的工作人员在依法或者受委托行使安全监督管理职责时滥用职权或者玩忽职守，构成犯罪的，应当依照《全国人民代表大会常务委员会关于〈中华人民共和国刑法〉第九章渎职罪主体适用问题的解释》的规定，适用渎职罪的规定追究刑事责任。

第十六条 对于实施危害生产安全犯罪适用缓刑的犯罪分子，可以根据犯罪情况，禁止其在缓刑考验期限内从事与安全生产相关联的特定活动；对于被判处刑罚的犯罪分子，可以根据犯罪情况和预防再犯罪的需要，禁止其自刑罚执行完毕之日或者假释之日起三年至五年内从事与安全生产相关的职业。

第十七条 本解释自2015年12月16日起施行。本解释施行后，《最高人民法院、最高人民检察院关于办理危害矿山生产安全刑事案件具体应用法律若干问题的解释》（法释〔2007〕5号）同时废止。最高人民法院、最高人民检察院此前发布的司法解释和规范性文件与本解释不一致的，以本解释为准。

实用附录：

1. 工伤赔偿计算标准[*]

（一）工伤医疗待遇的计算公式

1. 医疗费的计算公式

> 医疗费赔偿金额＝诊疗金额＋药品金额＋住院服务金额

注：上述诊疗金额、药品金额、住院服务金额的计算依据是工伤保险诊疗项目目录、工伤保险药品目录、工伤保险住院服务标准。

2. 住院伙食补助费的计算公式

> 住院伙食补助费赔偿金额＝统筹地区人民政府规定的伙食补助标准

3. 交通食宿费的计算公式

> 交通食宿费赔偿金额＝统筹地区人民政府规定的具体标准

4. 辅助器具费的计算公式

> 辅助器具费赔偿金额＝配置标准×器具数量

---

[*] 仅供参考。

（二）工伤伤残待遇的计算公式

1. 护理费的计算公式

（1）生活完全不能自理的护理费的计算公式

> 护理费赔偿金额 = 统筹地区上年度职工月平均工资（元/月）×50%

（2）生活大部分不能自理的护理费的计算公式

> 护理费赔偿金额 = 统筹地区上年度职工月平均工资（元/月）×40%

（3）生活部分不能自理的护理费的计算公式

> 护理费赔偿金额 = 统筹地区上年度职工月平均工资（元/月）×30%

2. 一次性伤残补助金的计算公式

一级伤残的计算公式为：

> 伤残补助金赔偿金额 = 本人工资（元/月）×27

二级伤残的计算公式为：

> 伤残补助金赔偿金额 = 本人工资（元/月）×25

三级伤残的计算公式为：

> 伤残补助金赔偿金额 = 本人工资（元/月）×23

四级伤残的计算公式为：

> 伤残补助金赔偿金额 = 本人工资（元/月）×21

五级伤残的计算公式为：

> 伤残补助金赔偿金额 = 本人工资（元/月）×18

六级伤残的计算公式为：

> 伤残补助金赔偿金额 = 本人工资（元/月）×16

七级伤残的计算公式为：

> 伤残补助金赔偿金额 = 本人工资（元/月）×13

八级伤残的计算公式为：

> 伤残补助金赔偿金额 = 本人工资（元/月）×11

九级伤残的计算公式为：

> 伤残补助金赔偿金额 = 本人工资（元/月）×9

十级伤残的计算公式为：

> 伤残补助金赔偿金额 = 本人工资（元/月）×7

3. 伤残津贴的计算公式

一级伤残为本人工资的90%，其计算公式为：

> 伤残津贴赔偿金额 = 本人工资（元/月）×90%

二级伤残为本人工资的85%，其计算公式为：

> 伤残津贴赔偿金额 = 本人工资（元/月）×85%

三级伤残为本人工资的80%，其计算公式为：

> 伤残津贴赔偿金额 = 本人工资（元/月）×80%

四级伤残为本人工资的75%，其计算公式为：

> 伤残津贴赔偿金额 = 本人工资（元/月）×75%

　　五、六级伤残津贴也以同样的方法，即本人工资乘以法定的比例（五级为70%，六级为60%）计算，但是，被鉴定为五、六级伤残的工伤职工只有在其保留与用人单位的劳动关系，用人单位应予以安排适当工作但难以安排的时候，才由用人单位按月对其支付伤残津贴。

（三）因工死亡的赔偿金的计算公式

1. 丧葬补助金的计算公式

> 丧葬补助金赔偿金额 = 统筹地区
> 上年度职工月平均工资 ×6

2. 供养亲属抚恤金的计算公式

（1）配偶

> 供养亲属抚恤金赔偿金额 = 工亡
> 职工本人工资（元/月）×40%

注：如果工亡职工的配偶为孤寡老人的，每人每月在上述标准的基础上增加10%。

（2）其他亲属

> 供养亲属抚恤金赔偿金额 = 工亡
> 职工本人工资（元/月）×30%

注：如果工亡职工的其他亲属为孤寡老人或者孤儿的，每人每月在上述标准的基础上增加10%。

3. 一次性工亡补助金的计算公式

> 一次性工亡补助金额 = 上一年度全国
> 城镇居民人均可支配收入的20倍

2. 职业病分类和目录

(2013 年 12 月 23 日　国卫疾控发〔2013〕48 号)

一、职业性尘肺病及其他呼吸系统疾病

(一) 尘肺病

1. 矽肺
2. 煤工尘肺
3. 石墨尘肺
4. 碳黑尘肺
5. 石棉肺
6. 滑石尘肺
7. 水泥尘肺
8. 云母尘肺
9. 陶工尘肺
10. 铝尘肺
11. 电焊工尘肺
12. 铸工尘肺
13. 根据《尘肺病诊断标准》和《尘肺病理诊断标准》可以诊断的其他尘肺病

(二) 其他呼吸系统疾病

1. 过敏性肺炎
2. 棉尘病
3. 哮喘
4. 金属及其化合物粉尘肺沉着病（锡、铁、锑、钡及其化合物等）
5. 刺激性化学物所致慢性阻塞性肺疾病
6. 硬金属肺病

二、职业性皮肤病

1. 接触性皮炎
2. 光接触性皮炎
3. 电光性皮炎
4. 黑变病

5. 痤疮

6. 溃疡

7. 化学性皮肤灼伤

8. 白斑

9. 根据《职业性皮肤病的诊断总则》可以诊断的其他职业性皮肤病

三、职业性眼病

1. 化学性眼部灼伤

2. 电光性眼炎

3. 白内障（含放射性白内障、三硝基甲苯白内障）

四、职业性耳鼻喉口腔疾病

1. 噪声聋

2. 铬鼻病

3. 牙酸蚀病

4. 爆震聋

五、职业性化学中毒

1. 铅及其化合物中毒（不包括四乙基铅）

2. 汞及其化合物中毒

3. 锰及其化合物中毒

4. 镉及其化合物中毒

5. 铍病

6. 铊及其化合物中毒

7. 钡及其化合物中毒

8. 钒及其化合物中毒

9. 磷及其化合物中毒

10. 砷及其化合物中毒

11. 铀及其化合物中毒

12. 砷化氢中毒

13. 氯气中毒

14. 二氧化硫中毒

15. 光气中毒

16. 氨中毒

17. 偏二甲基肼中毒

18. 氮氧化合物中毒

19. 一氧化碳中毒

20. 二硫化碳中毒

21. 硫化氢中毒
22. 磷化氢、磷化锌、磷化铝中毒
23. 氟及其无机化合物中毒
24. 氰及腈类化合物中毒
25. 四乙基铅中毒
26. 有机锡中毒
27. 羰基镍中毒
28. 苯中毒
29. 甲苯中毒
30. 二甲苯中毒
31. 正己烷中毒
32. 汽油中毒
33. 一甲胺中毒
34. 有机氟聚合物单体及其热裂解物中毒
35. 二氯乙烷中毒
36. 四氯化碳中毒
37. 氯乙烯中毒
38. 三氯乙烯中毒
39. 氯丙烯中毒
40. 氯丁二烯中毒
41. 苯的氨基及硝基化合物（不包括三硝基甲苯）中毒
42. 三硝基甲苯中毒
43. 甲醇中毒
44. 酚中毒
45. 五氯酚（钠）中毒
46. 甲醛中毒
47. 硫酸二甲酯中毒
48. 丙烯酰胺中毒
49. 二甲基甲酰胺中毒
50. 有机磷中毒
51. 氨基甲酸酯类中毒
52. 杀虫脒中毒
53. 溴甲烷中毒
54. 拟除虫菊酯类中毒
55. 铟及其化合物中毒

56. 溴丙烷中毒

57. 碘甲烷中毒

58. 氯乙酸中毒

59. 环氧乙烷中毒

60. 上述条目未提及的与职业有害因素接触之间存在直接因果联系的其他化学中毒

六、物理因素所致职业病

1. 中暑

2. 减压病

3. 高原病

4. 航空病

5. 手臂振动病

6. 激光所致眼（角膜、晶状体、视网膜）损伤

7. 冻伤

七、职业性放射性疾病

1. 外照射急性放射病

2. 外照射亚急性放射病

3. 外照射慢性放射病

4. 内照射放射病

5. 放射性皮肤疾病

6. 放射性肿瘤（含矿工高氡暴露所致肺癌）

7. 放射性骨损伤

8. 放射性甲状腺疾病

9. 放射性性腺疾病

10. 放射复合伤

11. 根据《职业性放射性疾病诊断标准（总则）》可以诊断的其他放射性损伤

八、职业性传染病

1. 炭疽

2. 森林脑炎

3. 布鲁氏菌病

4. 艾滋病（限于医疗卫生人员及人民警察）

5. 莱姆病

九、职业性肿瘤

1. 石棉所致肺癌、间皮瘤

2. 联苯胺所致膀胱癌

3. 苯所致白血病

4. 氯甲醚、双氯甲醚所致肺癌

5. 砷及其化合物所致肺癌、皮肤癌

6. 氯乙烯所致肝血管肉瘤

7. 焦炉逸散物所致肺癌

8. 六价铬化合物所致肺癌

9. 毛沸石所致肺癌、胸膜间皮瘤

10. 煤焦油、煤焦油沥青、石油沥青所致皮肤癌

11. β–萘胺所致膀胱癌

十、其他职业病

1. 金属烟热

2. 滑囊炎（限于井下工人）

3. 股静脉血栓综合征、股动脉闭塞症或淋巴管闭塞症（限于刮研作业人员）

3.《中华人民共和国安全生产法》修改条文前后对照表

修 改 前 （阴影部分为删去内容）	现 行 法 （黑体字为修改部分）
第一章 总 则	第一章 总 则
第一条 为了加强安全生产工作，防止和减少生产安全事故，保障人民群众生命和财产安全，促进经济社会持续健康发展，制定本法。	第一条 为了加强安全生产工作，防止和减少生产安全事故，保障人民群众生命和财产安全，促进经济社会持续健康发展，制定本法。
第二条 在中华人民共和国领域内从事生产经营活动的单位（以下统称生产经营单位）的安全生产，适用本法；有关法律、行政法规对消防安全和道路交通安全、铁路交通安全、水上交通安全、民用航空安全以及核与辐射安全、特种设备安全另有规定的，适用其规定。	第二条 在中华人民共和国领域内从事生产经营活动的单位（以下统称生产经营单位）的安全生产，适用本法；有关法律、行政法规对消防安全和道路交通安全、铁路交通安全、水上交通安全、民用航空安全以及核与辐射安全、特种设备安全另有规定的，适用其规定。
第三条 安全生产工作应当以人为本，坚持安全发展，坚持安全第一、预防为主、综合治理的方针，强化和落实生产经营单位的主体责任，建立生产经营单位负责、职工参与、政府监管、行业自律和社会监督的机制。	第三条 **安全生产工作坚持中国共产党的领导。** 安全生产工作应当以人为本，坚持**人民至上、生命至上，把保护人民生命安全摆在首位，树牢安全发展理念，**坚持安全第一、预防为主、综合治理的方针，**从源头上防范化解重大安全风险。**

修改前	现行法
	安全生产工作实行管行业必须管安全、管业务必须管安全、管生产经营必须管安全，强化和落实生产经营单位主体责任与政府监管责任，建立生产经营单位负责、职工参与、政府监管、行业自律和社会监督的机制。
第四条 生产经营单位必须遵守本法和其他有关安全生产的法律、法规，加强安全生产管理，建立、健全安全生产责任制和安全生产规章制度，改善安全生产条件，推进安全生产标准化建设，提高安全生产水平，确保安全生产。	第四条 生产经营单位必须遵守本法和其他有关安全生产的法律、法规，加强安全生产管理，建立健全**全员**安全生产责任制和安全生产规章制度，**加大对安全生产资金、物资、技术、人员的投入保障力度**，改善安全生产条件，加强安全生产标准化、**信息化建设，构建安全风险分级管控和隐患排查治理双重预防机制，健全风险防范化解机制**，提高安全生产水平，确保安全生产。 平台经济等新兴行业、领域的生产经营单位应当根据本行业、领域的特点，建立健全并落实全员安全生产责任制，加强从业人员安全生产教育和培训，履行本法和其他法律、法规规定的有关安全生产义务。
第五条 生产经营单位的主要负责人对本单位的安全生产工作全面负责。	第五条 生产经营单位的主要负责人**是本单位安全生产第一责任人**，对本单位的安全生产工作全面负责。**其他负责人对职责范围内的安全生产工作负责**。

147

修 改 前	现 行 法
第六条 生产经营单位的从业人员有依法获得安全生产保障的权利，并应当依法履行安全生产方面的义务。	**第六条** 生产经营单位的从业人员有依法获得安全生产保障的权利，并应当依法履行安全生产方面的义务。
第七条 工会依法对安全生产工作进行监督。 生产经营单位的工会依法组织职工参加本单位安全生产工作的民主管理和民主监督，维护职工在安全生产方面的合法权益。生产经营单位制定或者修改有关安全生产的规章制度，应当听取工会的意见。	**第七条** 工会依法对安全生产工作进行监督。 生产经营单位的工会依法组织职工参加本单位安全生产工作的民主管理和民主监督，维护职工在安全生产方面的合法权益。生产经营单位制定或者修改有关安全生产的规章制度，应当听取工会的意见。
第八条 国务院和县级以上地方各级人民政府应当根据国民经济和社会发展规划制定安全生产规划，并组织实施。安全生产规划应当与城乡规划相衔接。 国务院和县级以上地方各级人民政府应当加强对安全生产工作的领导，支持、督促各有关部门依法履行安全生产监督管理职责，建立健全安全生产工作协调机制，及时协调、解决安全生产监督管理中存在的重大问题。（移作第九条第一款） 乡、镇人民政府以及街道办事处、开发区管理机构等地方人民政府的派出机关应当按照职责，加强对本行政区域内生产经营单位安全生产状况的监督	**第八条** 国务院和县级以上地方各级人民政府应当根据国民经济和社会发展规划制定安全生产规划，并组织实施。安全生产规划应当与国土空间规划等相关规划相衔接。 各级人民政府应当加强安全生产基础设施建设和安全生产监管能力建设，所需经费列入本级预算。 县级以上地方各级人民政府应当组织有关部门建立完善安全风险评估与论证机制，按照安全风险管控要求，进行产业规划和空间布局，并对位置相邻、行业相近、业态相似的生产经营单位实施重大安全风险联防联控。

修改前	现行法
检查，协助上级人民政府有关部门依法履行安全生产监督管理职责。(移作第九条第二款)	
	第九条 国务院和县级以上地方各级人民政府应当加强对安全生产工作的领导，建立健全安全生产工作协调机制，**支持、督促有关部门依法履行安全生产监督管理职责**，及时协调、解决安全生产监督管理中存在的重大问题。(原第八条第二款移至此) 乡镇人民政府和街道办事处，以及开发区、**工业园区、港区、风景区**等应当明确负责安全生产监督管理的有关工作机构及其职责，加强安全生产监管力量建设，按照职责对本行政区域**或者管理区域**内生产经营单位安全生产状况**进**行监督检查，协助人民政府有关部门**或者按照授权**依法履行安全生产监督管理职责。(原第八条第三款移至此)
第九条 国务院安全生产监督管理部门依照本法，对全国安全生产工作实施综合监督管理；县级以上地方各级人民政府安全生产监督管理部门依照本法，对本行政区域内安全生产工作实施综合监督管理。 国务院有关部门依照本法和其他有关法律、行政法规的规	第十条 国务院应急管理部门依照本法，对全国安全生产工作实施综合监督管理；县级以上地方各级人民政府应急管理部门依照本法，对本行政区域内安全生产工作实施综合监督管理。 国务院交通运输、住房和城乡建设、水利、民航等有关部门依照本法和其他有关法律、行政

修 改 前	现 行 法
定，在各自的职责范围内对有关行业、领域的安全生产工作实施监督管理；县级以上地方各级人民政府有关部门依照本法和其他有关法律、法规的规定，在各自的职责范围内对有关行业、领域的安全生产工作实施监督管理。 安全生产监督管理部门和对有关行业、领域的安全生产工作实施监督管理的部门，统称负有安全生产监督管理职责的部门。	法规的规定，在各自的职责范围内对有关行业、领域的安全生产工作实施监督管理；县级以上地方各级人民政府有关部门依照本法和其他有关法律、法规的规定，在各自的职责范围内对有关行业、领域的安全生产工作实施监督管理。对新兴行业、领域的安全生产监督管理职责不明确的，由县级以上地方各级人民政府按照业务相近的原则确定监督管理部门。 应急管理部门和对有关行业、领域的安全生产工作实施监督管理的部门，统称负有安全生产监督管理职责的部门。负有安全生产监督管理职责的部门应当相互配合、齐抓共管、信息共享、资源共用，依法加强安全生产监督管理工作。
第十条 国务院有关部门应当按照保障安全生产的要求，依法及时制定有关的国家标准或者行业标准，并根据科技进步和经济发展适时修订。 生产经营单位必须执行依法制定的保障安全生产的国家标准或者行业标准。	第十一条 国务院有关部门应当按照保障安全生产的要求，依法及时制定有关的国家标准或者行业标准，并根据科技进步和经济发展适时修订。 生产经营单位必须执行依法制定的保障安全生产的国家标准或者行业标准。
	第十二条 国务院有关部门按照职责分工负责安全生产强制性国家标准的项目提出、组织起

修改前	现行法
	草、征求意见、技术审查。国务院应急管理部门统筹提出安全生产强制性国家标准的立项计划。国务院标准化行政主管部门负责安全生产强制性国家标准的立项、编号、对外通报和授权批准发布工作。国务院标准化行政主管部门、有关部门依据法定职责对安全生产强制性国家标准的实施进行监督检查。
第十一条 各级人民政府及其有关部门应当采取多种形式，加强对有关安全生产的法律、法规和安全生产知识的宣传，增强全社会的安全生产意识。	第十三条 各级人民政府及其有关部门应当采取多种形式，加强对有关安全生产的法律、法规和安全生产知识的宣传，增强全社会的安全生产意识。
第十二条 有关协会组织依照法律、行政法规和章程，为生产经营单位提供安全生产方面的信息、培训等服务，发挥自律作用，促进生产经营单位加强安全生产管理。	第十四条 有关协会组织依照法律、行政法规和章程，为生产经营单位提供安全生产方面的信息、培训等服务，发挥自律作用，促进生产经营单位加强安全生产管理。
第十三条 依法设立的为安全生产提供技术、管理服务的机构，依照法律、行政法规和执业准则，接受生产经营单位的委托为其安全生产工作提供技术、管理服务。 生产经营单位委托前款规定的机构提供安全生产技术、管理服务的，保证安全生产的责任仍由本单位负责。	第十五条 依法设立的为安全生产提供技术、管理服务的机构，依照法律、行政法规和执业准则，接受生产经营单位的委托为其安全生产工作提供技术、管理服务。 生产经营单位委托前款规定的机构提供安全生产技术、管理服务的，保证安全生产的责任仍由本单位负责。

修 改 前	现 行 法
第十四条 国家实行生产安全事故责任追究制度，依照本法和有关法律、法规的规定，追究生产安全事故责任人员的法律责任。	**第十六条** 国家实行生产安全事故责任追究制度，依照本法和有关法律、法规的规定，追究生产安全事故**责任单位和**责任人员的法律责任。
	第十七条 县级以上各级人民政府应当组织负有安全生产监督管理职责的部门依法编制安全生产权力和责任清单，公开并接受社会监督。
第十五条 国家鼓励和支持安全生产科学技术研究和安全生产先进技术的推广应用，提高安全生产水平。	**第十八条** 国家鼓励和支持安全生产科学技术研究和安全生产先进技术的推广应用，提高安全生产水平。
第十六条 国家对在改善安全生产条件、防止生产安全事故、参加抢险救护等方面取得显著成绩的单位和个人，给予奖励。	**第十九条** 国家对在改善安全生产条件、防止生产安全事故、参加抢险救护等方面取得显著成绩的单位和个人，给予奖励。
第二章 生产经营单位的安全生产保障	**第二章 生产经营单位的安全生产保障**
第十七条 生产经营单位应当具备本法和有关法律、行政法规和国家标准或者行业标准规定的安全生产条件；不具备安全生产条件的，不得从事生产经营活动。	**第二十条** 生产经营单位应当具备本法和有关法律、行政法规和国家标准或者行业标准规定的安全生产条件；不具备安全生产条件的，不得从事生产经营活动。

修改前	现行法
第十八条 生产经营单位的主要负责人对本单位安全生产工作负有下列职责： （一）建立健全本单位安全生产责任制； （二）组织制定本单位安全生产规章制度和操作规程； （三）组织制定并实施本单位安全生产教育和培训计划； （四）保证本单位安全生产投入的有效实施； （五）督促、检查本单位的安全生产工作，及时消除生产安全事故隐患； （六）组织制定并实施本单位的生产安全事故应急救援预案； （七）及时、如实报告生产安全事故。	第二十一条 生产经营单位的主要负责人对本单位安全生产工作负有下列职责： （一）建立健全**并落实**本单位**全员**安全生产责任制，**加强安全生产标准化建设**； （二）组织制定**并实施**本单位安全生产规章制度和操作规程； （三）组织制定并实施本单位安全生产教育和培训计划； （四）保证本单位安全生产投入的有效实施； （五）**组织建立并落实安全风险分级管控和隐患排查治理双重预防工作机制**，督促、检查本单位的安全生产工作，及时消除生产安全事故隐患； （六）组织制定并实施本单位的生产安全事故应急救援预案； （七）及时、如实报告生产安全事故。
第十九条 生产经营单位的安全生产责任制应当明确各岗位的责任人员、责任范围和考核标准等内容。 生产经营单位应当建立相应的机制，加强对安全生产责任制落实情况的监督考核，保证安全生产责任制的落实。	第二十二条 生产经营单位的**全员**安全生产责任制应当明确各岗位的责任人员、责任范围和考核标准等内容。 生产经营单位应当建立相应的机制，加强对**全员**安全生产责任制落实情况的监督考核，保证**全员**安全生产责任制的落实。

修 改 前	现 行 法
第二十条　生产经营单位应当具备的安全生产条件所必需的资金投入，由生产经营单位的决策机构、主要负责人或者个人经营的投资人予以保证，并对由于安全生产所必需的资金投入不足导致的后果承担责任。 　　有关生产经营单位应当按照规定提取和使用安全生产费用，专门用于改善安全生产条件。安全生产费用在成本中据实列支。安全生产费用提取、使用和监督管理的具体办法由国务院财政部门会同国务院**安全生产监督**管理部门征求国务院有关部门意见后制定。	第二十三条　生产经营单位应当具备的安全生产条件所必需的资金投入，由生产经营单位的决策机构、主要负责人或者个人经营的投资人予以保证，并对由于安全生产所必需的资金投入不足导致的后果承担责任。 　　有关生产经营单位应当按照规定提取和使用安全生产费用，专门用于改善安全生产条件。安全生产费用在成本中据实列支。安全生产费用提取、使用和监督管理的具体办法由国务院财政部门会同国务院**应急**管理部门征求国务院有关部门意见后制定。
第二十一条　矿山、金属冶炼、建筑施工、**道路**运输单位和危险物品的生产、经营、储存单位，应当设置安全生产管理机构或者配备专职安全生产管理人员。 　　前款规定以外的其他生产经营单位，从业人员超过一百人的，应当设置安全生产管理机构或者配备专职安全生产管理人员；从业人员在一百人以下的，应当配备专职或者兼职的安全生产管理人员。	第二十四条　矿山、金属冶炼、建筑施工、运输单位和危险物品的生产、经营、储存、**装卸**单位，应当设置安全生产管理机构或者配备专职安全生产管理人员。 　　前款规定以外的其他生产经营单位，从业人员超过一百人的，应当设置安全生产管理机构或者配备专职安全生产管理人员；从业人员在一百人以下的，应当配备专职或者兼职的安全生产管理人员。

修 改 前	现 行 法
第二十二条 生产经营单位的安全生产管理机构以及安全生产管理人员履行下列职责： （一）组织或者参与拟订本单位安全生产规章制度、操作规程和生产安全事故应急救援预案； （二）组织或者参与本单位安全生产教育和培训，如实记录安全生产教育和培训情况； （三）督促落实本单位重大危险源的安全管理措施； （四）组织或者参与本单位应急救援演练； （五）检查本单位的安全生产状况，及时排查生产安全事故隐患，提出改进安全生产管理的建议； （六）制止和纠正违章指挥、强令冒险作业、违反操作规程的行为； （七）督促落实本单位安全生产整改措施。	第二十五条 生产经营单位的安全生产管理机构以及安全生产管理人员履行下列职责： （一）组织或者参与拟订本单位安全生产规章制度、操作规程和生产安全事故应急救援预案； （二）组织或者参与本单位安全生产教育和培训，如实记录安全生产教育和培训情况； （三）**组织开展危险源辨识和评估**，督促落实本单位重大危险源的安全管理措施； （四）组织或者参与本单位应急救援演练； （五）检查本单位的安全生产状况，及时排查生产安全事故隐患，提出改进安全生产管理的建议； （六）制止和纠正违章指挥、强令冒险作业、违反操作规程的行为； （七）督促落实本单位安全生产整改措施。 **生产经营单位可以设置专职安全生产分管负责人，协助本单位主要负责人履行安全生产管理职责。**
第二十三条 生产经营单位的安全生产管理机构以及安全生产管理人员应当恪尽职守，依法履行职责。 生产经营单位作出涉及安全生产的经营决策，应当听取安全生产管理机构以及安全生产管理人员的意见。	第二十六条 生产经营单位的安全生产管理机构以及安全生产管理人员应当恪尽职守，依法履行职责。 生产经营单位作出涉及安全生产的经营决策，应当听取安全生产管理机构以及安全生产管理人员的意见。

修改前	现行法
生产经营单位不得因安全生产管理人员依法履行职责而降低其工资、福利等待遇或者解除与其订立的劳动合同。 危险物品的生产、储存单位以及矿山、金属冶炼单位的安全生产管理人员的任免,应当告知主管的负有安全生产监督管理职责的部门。	生产经营单位不得因安全生产管理人员依法履行职责而降低其工资、福利等待遇或者解除与其订立的劳动合同。 危险物品的生产、储存单位以及矿山、金属冶炼单位的安全生产管理人员的任免,应当告知主管的负有安全生产监督管理职责的部门。
第二十四条 生产经营单位的主要负责人和安全生产管理人员必须具备与本单位所从事的生产经营活动相应的安全生产知识和管理能力。 危险物品的生产、经营、储存单位以及矿山、金属冶炼、建筑施工、道路运输单位的主要负责人和安全生产管理人员,应当由主管的负有安全生产监督管理职责的部门对其安全生产知识和管理能力考核合格。考核不得收费。 危险物品的生产、储存单位以及矿山、金属冶炼单位应当有注册安全工程师从事安全生产管理工作。鼓励其他生产经营单位聘用注册安全工程师从事安全生产管理工作。注册安全工程师按专业分类管理,具体办法由国务院人力资源和社会保障部门、国务院安全生产监督管理部门会同国务院有关部门制定。	**第二十七条** 生产经营单位的主要负责人和安全生产管理人员必须具备与本单位所从事的生产经营活动相应的安全生产知识和管理能力。 危险物品的生产、经营、储存、**装卸**单位以及矿山、金属冶炼、建筑施工、运输单位的主要负责人和安全生产管理人员,应当由主管的负有安全生产监督管理职责的部门对其安全生产知识和管理能力考核合格。考核不得收费。 危险物品的生产、储存、**装卸**单位以及矿山、金属冶炼单位应当有注册安全工程师从事安全生产管理工作。鼓励其他生产经营单位聘用注册安全工程师从事安全生产管理工作。注册安全工程师按专业分类管理,具体办法由国务院人力资源和社会保障部门、国务院**应急**管理部门会同国务院有关部门制定。

修 改 前	现 行 法
第二十五条　生产经营单位应当对从业人员进行安全生产教育和培训，保证从业人员具备必要的安全生产知识，熟悉有关的安全生产规章制度和安全操作规程，掌握本岗位的安全操作技能，了解事故应急处理措施，知悉自身在安全生产方面的权利和义务。未经安全生产教育和培训合格的从业人员，不得上岗作业。 　　生产经营单位使用被派遣劳动者的，应当将被派遣劳动者纳入本单位从业人员统一管理，对被派遣劳动者进行岗位安全操作规程和安全操作技能的教育和培训。劳务派遣单位应当对被派遣劳动者进行必要的安全生产教育和培训。 　　生产经营单位接收中等职业学校、高等学校学生实习的，应当对实习学生进行相应的安全生产教育和培训，提供必要的劳动防护用品。学校应当协助生产经营单位对实习学生进行安全生产教育和培训。 　　生产经营单位应当建立安全生产教育和培训档案，如实记录安全生产教育和培训的时间、内容、参加人员以及考核结果等情况。	第二十八条　生产经营单位应当对从业人员进行安全生产教育和培训，保证从业人员具备必要的安全生产知识，熟悉有关的安全生产规章制度和安全操作规程，掌握本岗位的安全操作技能，了解事故应急处理措施，知悉自身在安全生产方面的权利和义务。未经安全生产教育和培训合格的从业人员，不得上岗作业。 　　生产经营单位使用被派遣劳动者的，应当将被派遣劳动者纳入本单位从业人员统一管理，对被派遣劳动者进行岗位安全操作规程和安全操作技能的教育和培训。劳务派遣单位应当对被派遣劳动者进行必要的安全生产教育和培训。 　　生产经营单位接收中等职业学校、高等学校学生实习的，应当对实习学生进行相应的安全生产教育和培训，提供必要的劳动防护用品。学校应当协助生产经营单位对实习学生进行安全生产教育和培训。 　　生产经营单位应当建立安全生产教育和培训档案，如实记录安全生产教育和培训的时间、内容、参加人员以及考核结果等情况。

修 改 前	现 行 法
第二十六条 生产经营单位采用新工艺、新技术、新材料或者使用新设备，必须了解、掌握其安全技术特性，采取有效的安全防护措施，并对从业人员进行专门的安全生产教育和培训。	**第二十九条** 生产经营单位采用新工艺、新技术、新材料或者使用新设备，必须了解、掌握其安全技术特性，采取有效的安全防护措施，并对从业人员进行专门的安全生产教育和培训。
第二十七条 生产经营单位的特种作业人员必须按照国家有关规定经专门的安全作业培训，取得相应资格，方可上岗作业。 特种作业人员的范围由国务院安全生产监督管理部门会同国务院有关部门确定。	**第三十条** 生产经营单位的特种作业人员必须按照国家有关规定经专门的安全作业培训，取得相应资格，方可上岗作业。 特种作业人员的范围由国务院应急管理部门会同国务院有关部门确定。
第二十八条 生产经营单位新建、改建、扩建工程项目（以下统称建设项目）的安全设施，必须与主体工程同时设计、同时施工、同时投入生产和使用。安全设施投资应当纳入建设项目概算。	**第三十一条** 生产经营单位新建、改建、扩建工程项目（以下统称建设项目）的安全设施，必须与主体工程同时设计、同时施工、同时投入生产和使用。安全设施投资应当纳入建设项目概算。
第二十九条 矿山、金属冶炼建设项目和用于生产、储存、装卸危险物品的建设项目，应当按照国家有关规定进行安全评价。	**第三十二条** 矿山、金属冶炼建设项目和用于生产、储存、装卸危险物品的建设项目，应当按照国家有关规定进行安全评价。
第三十条 建设项目安全设施的设计人、设计单位应当对安全设施设计负责。	**第三十三条** 建设项目安全设施的设计人、设计单位应当对安全设施设计负责。

修 改 前	现 行 法
矿山、金属冶炼建设项目和用于生产、储存、装卸危险物品的建设项目的安全设施设计应当按照国家有关规定报经有关部门审查，审查部门及其负责审查的人员对审查结果负责。	矿山、金属冶炼建设项目和用于生产、储存、装卸危险物品的建设项目的安全设施设计应当按照国家有关规定报经有关部门审查，审查部门及其负责审查的人员对审查结果负责。
第三十一条 矿山、金属冶炼建设项目和用于生产、储存、装卸危险物品的建设项目的施工单位必须按照批准的安全设施设计施工，并对安全设施的工程质量负责。 矿山、金属冶炼建设项目和用于生产、储存危险物品的建设项目竣工投入生产或者使用前，应当由建设单位负责组织对安全设施进行验收；验收合格后，方可投入生产和使用。安全生产监督管理部门应当加强对建设单位验收活动和验收结果的监督核查。	第三十四条 矿山、金属冶炼建设项目和用于生产、储存、装卸危险物品的建设项目的施工单位必须按照批准的安全设施设计施工，并对安全设施的工程质量负责。 矿山、金属冶炼建设项目和用于生产、储存、**装卸**危险物品的建设项目竣工投入生产或者使用前，应当由建设单位负责组织对安全设施进行验收；验收合格后，方可投入生产和使用。**负有安全生产监督管理职责**的部门应当加强对建设单位验收活动和验收结果的监督核查。
第三十二条 生产经营单位应当在有较大危险因素的生产经营场所和有关设施、设备上，设置明显的安全警示标志。	第三十五条 生产经营单位应当在有较大危险因素的生产经营场所和有关设施、设备上，设置明显的安全警示标志。
第三十三条 安全设备的设计、制造、安装、使用、检测、维修、改造和报废，应当符合国家标准或者行业标准。 生产经营单位必须对安全设	第三十六条 安全设备的设计、制造、安装、使用、检测、维修、改造和报废，应当符合国家标准或者行业标准。 生产经营单位必须对安全设

修 改 前	现 行 法
备进行经常性维护、保养,并定期检测,保证正常运转。维护、保养、检测应当作好记录,并由有关人员签字。	备进行经常性维护、保养,并定期检测,保证正常运转。维护、保养、检测应当作好记录,并由有关人员签字。 　　**生产经营单位不得关闭、破坏直接关系生产安全的监控、报警、防护、救生设备、设施,或者篡改、隐瞒、销毁其相关数据、信息。** 　　**餐饮等行业的生产经营单位使用燃气的,应当安装可燃气体报警装置,并保障其正常使用。**
第三十四条　生产经营单位使用的危险物品的容器、运输工具,以及涉及人身安全、危险性较大的海洋石油开采特种设备和矿山井下特种设备,必须按照国家有关规定,由专业生产单位生产,并经具有专业资质的检测、检验机构检测、检验合格,取得安全使用证或者安全标志,方可投入使用。检测、检验机构对检测、检验结果负责。	第三十七条　生产经营单位使用的危险物品的容器、运输工具,以及涉及人身安全、危险性较大的海洋石油开采特种设备和矿山井下特种设备,必须按照国家有关规定,由专业生产单位生产,并经具有专业资质的检测、检验机构检测、检验合格,取得安全使用证或者安全标志,方可投入使用。检测、检验机构对检测、检验结果负责。
第三十五条　国家对严重危及生产安全的工艺、设备实行淘汰制度,具体目录由国务院**安全生产监督**管理部门会同国务院有关部门制定并公布。法律、行政法规对目录的制定另有规定的,适用其规定。 　　省、自治区、直辖市人民政	第三十八条　国家对严重危及生产安全的工艺、设备实行淘汰制度,具体目录由国务院**应急**管理部门会同国务院有关部门制定并公布。法律、行政法规对目录的制定另有规定的,适用其规定。 　　省、自治区、直辖市人民政

修 改 前	现 行 法
府可以根据本地区实际情况制定并公布具体目录,对前款规定以外的危及生产安全的工艺、设备予以淘汰。 　　生产经营单位不得使用应当淘汰的危及生产安全的工艺、设备。	府可以根据本地区实际情况制定并公布具体目录,对前款规定以外的危及生产安全的工艺、设备予以淘汰。 　　生产经营单位不得使用应当淘汰的危及生产安全的工艺、设备。
第三十六条　生产、经营、运输、储存、使用危险物品或者处置废弃危险物品的,由有关主管部门依照有关法律、法规的规定和国家标准或者行业标准审批并实施监督管理。 　　生产经营单位生产、经营、运输、储存、使用危险物品或者处置废弃危险物品,必须执行有关法律、法规和国家标准或者行业标准,建立专门的安全管理制度,采取可靠的安全措施,接受有关主管部门依法实施的监督管理。	**第三十九条**　生产、经营、运输、储存、使用危险物品或者处置废弃危险物品的,由有关主管部门依照有关法律、法规的规定和国家标准或者行业标准审批并实施监督管理。 　　生产经营单位生产、经营、运输、储存、使用危险物品或者处置废弃危险物品,必须执行有关法律、法规和国家标准或者行业标准,建立专门的安全管理制度,采取可靠的安全措施,接受有关主管部门依法实施的监督管理。
第三十七条　生产经营单位对重大危险源应当登记建档,进行定期检测、评估、监控,并制定应急预案,告知从业人员和相关人员在紧急情况下应当采取的应急措施。 　　生产经营单位应当按照国家有关规定将本单位重大危险源及有关安全措施、应急措施报有关地方人民政府**安全生产监督**管理部门和有关部门备案。	**第四十条**　生产经营单位对重大危险源应当登记建档,进行定期检测、评估、监控,并制定应急预案,告知从业人员和相关人员在紧急情况下应当采取的应急措施。 　　生产经营单位应当按照国家有关规定将本单位重大危险源及有关安全措施、应急措施报有关地方人民政府**应急管理**部门和有关部门备案。**有关地方人民政府应急管理部门和有关部门应当通过相关信息系统实现信息共享。**

修 改 前	现 行 法
第三十八条 生产经营单位应当建立健全生产安全事故隐患排查治理制度，采取技术、管理措施，及时发现并消除事故隐患。事故隐患排查治理情况应当如实记录，并向从业人员通报。 县级以上地方各级人民政府负有安全生产监督管理职责的部门应当建立健全重大事故隐患治理督办制度，督促生产经营单位消除重大事故隐患。	第四十一条 生产经营单位应当建立安全风险分级管控制度，按照安全风险分级采取相应的管控措施。 生产经营单位应当建立健全并落实生产安全事故隐患排查治理制度，采取技术、管理措施，及时发现并消除事故隐患。事故隐患排查治理情况应当如实记录，并通过职工大会或者职工代表大会、信息公示栏等方式向从业人员通报。其中，重大事故隐患排查治理情况应当及时向负有安全生产监督管理职责的部门和职工大会或者职工代表大会报告。 县级以上地方各级人民政府负有安全生产监督管理职责的部门应当将重大事故隐患纳入相关信息系统，建立健全重大事故隐患治理督办制度，督促生产经营单位消除重大事故隐患。
第三十九条 生产、经营、储存、使用危险物品的车间、商店、仓库不得与员工宿舍在同一座建筑物内，并应当与员工宿舍保持安全距离。 生产经营场所和员工宿舍应当设有符合紧急疏散要求、标志明显、保持畅通的出口。禁止锁闭、封堵生产经营场所或者员工宿舍的出口。	第四十二条 生产、经营、储存、使用危险物品的车间、商店、仓库不得与员工宿舍在同一座建筑物内，并应当与员工宿舍保持安全距离。 生产经营场所和员工宿舍应当设有符合紧急疏散要求、标志明显、保持畅通的出口、疏散通道。禁止占用、锁闭、封堵生产经营场所或者员工宿舍的出口、疏散通道。

修改前	现行法
第四十条　生产经营单位进行爆破、吊装以及国务院安全生产监督管理部门会同国务院有关部门规定的其他危险作业，应当安排专门人员进行现场安全管理，确保操作规程的遵守和安全措施的落实。	第四十三条　生产经营单位进行爆破、吊装、动火、临时用电以及国务院应急管理部门会同国务院有关部门规定的其他危险作业，应当安排专门人员进行现场安全管理，确保操作规程的遵守和安全措施的落实。
第四十一条　生产经营单位应当教育和督促从业人员严格执行本单位的安全生产规章制度和安全操作规程；并向从业人员如实告知作业场所和工作岗位存在的危险因素、防范措施以及事故应急措施。	第四十四条　生产经营单位应当教育和督促从业人员严格执行本单位的安全生产规章制度和安全操作规程；并向从业人员如实告知作业场所和工作岗位存在的危险因素、防范措施以及事故应急措施。 　　生产经营单位应当关注从业人员的身体、心理状况和行为习惯，加强对从业人员的心理疏导、精神慰藉，严格落实岗位安全生产责任，防范从业人员行为异常导致事故发生。
第四十二条　生产经营单位必须为从业人员提供符合国家标准或者行业标准的劳动防护用品，并监督、教育从业人员按照使用规则佩戴、使用。	第四十五条　生产经营单位必须为从业人员提供符合国家标准或者行业标准的劳动防护用品，并监督、教育从业人员按照使用规则佩戴、使用。

修 改 前	现 行 法
第四十三条 生产经营单位的安全生产管理人员应当根据本单位的生产经营特点，对安全生产状况进行经常性检查；对检查中发现的安全问题，应当立即处理；不能处理的，应当及时报告本单位有关负责人，有关负责人应当及时处理。检查及处理情况应当如实记录在案。 生产经营单位的安全生产管理人员在检查中发现重大事故隐患，依照前款规定向本单位有关负责人报告，有关负责人不及时处理的，安全生产管理人员可以向主管的负有安全生产监督管理职责的部门报告，接到报告的部门应当依法及时处理。	第四十六条 生产经营单位的安全生产管理人员应当根据本单位的生产经营特点，对安全生产状况进行经常性检查；对检查中发现的安全问题，应当立即处理；不能处理的，应当及时报告本单位有关负责人，有关负责人应当及时处理。检查及处理情况应当如实记录在案。 生产经营单位的安全生产管理人员在检查中发现重大事故隐患，依照前款规定向本单位有关负责人报告，有关负责人不及时处理的，安全生产管理人员可以向主管的负有安全生产监督管理职责的部门报告，接到报告的部门应当依法及时处理。
第四十四条 生产经营单位应当安排用于配备劳动防护用品、进行安全生产培训的经费。	第四十七条 生产经营单位应当安排用于配备劳动防护用品、进行安全生产培训的经费。
第四十五条 两个以上生产经营单位在同一作业区域内进行生产经营活动，可能危及对方生产安全的，应当签订安全生产管理协议，明确各自的安全生产管理职责和应当采取的安全措施，并指定专职安全生产管理人员进行安全检查与协调。	第四十八条 两个以上生产经营单位在同一作业区域内进行生产经营活动，可能危及对方生产安全的，应当签订安全生产管理协议，明确各自的安全生产管理职责和应当采取的安全措施，并指定专职安全生产管理人员进行安全检查与协调。

修 改 前	现 行 法
第四十六条 生产经营单位不得将生产经营项目、场所、设备发包或者出租给不具备安全生产条件或者相应资质的单位或者个人。 生产经营项目、场所发包或者出租给其他单位的，生产经营单位应当与承包单位、承租单位签订专门的安全生产管理协议，或者在承包合同、租赁合同中约定各自的安全生产管理职责；生产经营单位对承包单位、承租单位的安全生产工作统一协调、管理，定期进行安全检查，发现安全问题的，应当及时督促整改。	第四十九条 生产经营单位不得将生产经营项目、场所、设备发包或者出租给不具备安全生产条件或者相应资质的单位或者个人。 生产经营项目、场所发包或者出租给其他单位的，生产经营单位应当与承包单位、承租单位签订专门的安全生产管理协议，或者在承包合同、租赁合同中约定各自的安全生产管理职责；生产经营单位对承包单位、承租单位的安全生产工作统一协调、管理，定期进行安全检查，发现安全问题的，应当及时督促整改。 矿山、金属冶炼建设项目和用于生产、储存、装卸危险物品的建设项目的施工单位应当加强对施工项目的安全管理，不得倒卖、出租、出借、挂靠或者以其他形式非法转让施工资质，不得将其承包的全部建设工程转包给第三人或者将其承包的全部建设工程支解以后以分包的名义分别转包给第三人，不得将工程分包给不具备相应资质条件的单位。
第四十七条 生产经营单位发生生产安全事故时，单位的主要负责人应当立即组织抢救，并不得在事故调查处理期间擅离职守。	第五十条 生产经营单位发生生产安全事故时，单位的主要负责人应当立即组织抢救，并不得在事故调查处理期间擅离职守。

修改前	现行法
第四十八条 生产经营单位必须依法参加工伤保险，为从业人员缴纳保险费。 国家鼓励生产经营单位投保安全生产责任保险。	第五十一条 生产经营单位必须依法参加工伤保险，为从业人员缴纳保险费。 国家鼓励生产经营单位投保安全生产责任保险；属于国家规定的高危行业、领域的生产经营单位，应当投保安全生产责任保险。具体范围和实施办法由国务院应急管理部门会同国务院财政部门、国务院保险监督管理机构和相关行业主管部门制定。
第三章 从业人员的安全生产权利义务	第三章 从业人员的安全生产权利义务
第四十九条 生产经营单位与从业人员订立的劳动合同，应当载明有关保障从业人员劳动安全、防止职业危害的事项，以及依法为从业人员办理工伤保险的事项。 生产经营单位不得以任何形式与从业人员订立协议，免除或者减轻其对从业人员因生产安全事故伤亡依法应承担的责任。	第五十二条 生产经营单位与从业人员订立的劳动合同，应当载明有关保障从业人员劳动安全、防止职业危害的事项，以及依法为从业人员办理工伤保险的事项。 生产经营单位不得以任何形式与从业人员订立协议，免除或者减轻其对从业人员因生产安全事故伤亡依法应承担的责任。
第五十条 生产经营单位的从业人员有权了解其作业场所和工作岗位存在的危险因素、防范措施及事故应急措施，有权对本单位的安全生产工作提出建议。	第五十三条 生产经营单位的从业人员有权了解其作业场所和工作岗位存在的危险因素、防范措施及事故应急措施，有权对本单位的安全生产工作提出建议。

修改前	现行法
第五十一条　从业人员有权对本单位安全生产工作中存在的问题提出批评、检举、控告；有权拒绝违章指挥和强令冒险作业。 　　生产经营单位不得因从业人员对本单位安全生产工作提出批评、检举、控告或者拒绝违章指挥、强令冒险作业而降低其工资、福利等待遇或者解除与其订立的劳动合同。	**第五十四条**　从业人员有权对本单位安全生产工作中存在的问题提出批评、检举、控告；有权拒绝违章指挥和强令冒险作业。 　　生产经营单位不得因从业人员对本单位安全生产工作提出批评、检举、控告或者拒绝违章指挥、强令冒险作业而降低其工资、福利等待遇或者解除与其订立的劳动合同。
第五十二条　从业人员发现直接危及人身安全的紧急情况时，有权停止作业或者在采取可能的应急措施后撤离作业场所。 　　生产经营单位不得因从业人员在前款紧急情况下停止作业或者采取紧急撤离措施而降低其工资、福利等待遇或者解除与其订立的劳动合同。	**第五十五条**　从业人员发现直接危及人身安全的紧急情况时，有权停止作业或者在采取可能的应急措施后撤离作业场所。 　　生产经营单位不得因从业人员在前款紧急情况下停止作业或者采取紧急撤离措施而降低其工资、福利等待遇或者解除与其订立的劳动合同。
第五十三条　因生产安全事故受到损害的从业人员，除依法享有工伤保险外，依照有关民事法律尚有获得赔偿的权利的，有权向本单位提出赔偿要求。	**第五十六条**　生产经营单位发生生产安全事故后，应当及时采取措施救治有关人员。 　　因生产安全事故受到损害的从业人员，除依法享有工伤保险外，依照有关民事法律尚有获得赔偿的权利的，有权提出赔偿要求。

修 改 前	现 行 法
第五十四条 从业人员在作业过程中，应当严格遵守本单位的安全生产规章制度和操作规程，服从管理，正确佩戴和使用劳动防护用品。	**第五十七条** 从业人员在作业过程中，应当严格**落实岗位安全责任**，遵守本单位的安全生产规章制度和操作规程，服从管理，正确佩戴和使用劳动防护用品。
第五十五条 从业人员应当接受安全生产教育和培训，掌握本职工作所需的安全生产知识，提高安全生产技能，增强事故预防和应急处理能力。	**第五十八条** 从业人员应当接受安全生产教育和培训，掌握本职工作所需的安全生产知识，提高安全生产技能，增强事故预防和应急处理能力。
第五十六条 从业人员发现事故隐患或者其他不安全因素，应当立即向现场安全生产管理人员或者本单位负责人报告；接到报告的人员应当及时予以处理。	**第五十九条** 从业人员发现事故隐患或者其他不安全因素，应当立即向现场安全生产管理人员或者本单位负责人报告；接到报告的人员应当及时予以处理。
第五十七条 工会有权对建设项目的安全设施与主体工程同时设计、同时施工、同时投入生产和使用进行监督，提出意见。 工会对生产经营单位违反安全生产法律、法规，侵犯从业人员合法权益的行为，有权要求纠正；发现生产经营单位违章指挥、强令冒险作业或者发现事故隐患时，有权提出解决的建议，生产经营单位应当及时研究答复；发现危及从业人员生命安全的情况时，有权向生产经营单位建议组织从业人员撤离危险场所，生产经营单位必须立即作出处理。	**第六十条** 工会有权对建设项目的安全设施与主体工程同时设计、同时施工、同时投入生产和使用进行监督，提出意见。 工会对生产经营单位违反安全生产法律、法规，侵犯从业人员合法权益的行为，有权要求纠正；发现生产经营单位违章指挥、强令冒险作业或者发现事故隐患时，有权提出解决的建议，生产经营单位应当及时研究答复；发现危及从业人员生命安全的情况时，有权向生产经营单位建议组织从业人员撤离危险场所，生产经营单位必须立即作出处理。

修改前	现行法
工会有权依法参加事故调查，向有关部门提出处理意见，并要求追究有关人员的责任。	工会有权依法参加事故调查，向有关部门提出处理意见，并要求追究有关人员的责任。
第五十八条 生产经营单位使用被派遣劳动者的，被派遣劳动者享有本法规定的从业人员的权利，并应当履行本法规定的从业人员的义务。	第六十一条 生产经营单位使用被派遣劳动者的，被派遣劳动者享有本法规定的从业人员的权利，并应当履行本法规定的从业人员的义务。
第四章 安全生产的监督管理	第四章 安全生产的监督管理
第五十九条 县级以上地方各级人民政府应当根据本行政区域内的安全生产状况，组织有关部门按照职责分工，对本行政区域内容易发生重大生产安全事故的生产经营单位进行严格检查。安全生产监督管理部门应当按照分类分级监督管理的要求，制定安全生产年度监督检查计划，并按照年度监督检查计划进行监督检查，发现事故隐患，应当及时处理。	第六十二条 县级以上地方各级人民政府应当根据本行政区域内的安全生产状况，组织有关部门按照职责分工，对本行政区域内容易发生重大生产安全事故的生产经营单位进行严格检查。应急管理部门应当按照分类分级监督管理的要求，制定安全生产年度监督检查计划，并按照年度监督检查计划进行监督检查，发现事故隐患，应当及时处理。
第六十条 负有安全生产监督管理职责的部门依照有关法律、法规的规定，对涉及安全生产的事项需要审查批准（包括批准、核准、许可、注册、认证、颁发证照等，下同）或者验收的，必须严格依照有关法律、法规和国家标准或者行业标准规定的安全生产条件和程序进行审	第六十三条 负有安全生产监督管理职责的部门依照有关法律、法规的规定，对涉及安全生产的事项需要审查批准（包括批准、核准、许可、注册、认证、颁发证照等，下同）或者验收的，必须严格依照有关法律、法规和国家标准或者行业标准规定的安全生产条件和程序进行审

修 改 前	现 行 法
查；不符合有关法律、法规和国家标准或者行业标准规定的安全生产条件的，不得批准或者验收通过。对未依法取得批准或者验收合格的单位擅自从事有关活动的，负责行政审批的部门发现或者接到举报后应当立即予以取缔，并依法予以处理。对已经依法取得批准的单位，负责行政审批的部门发现其不再具备安全生产条件的，应当撤销原批准。	查；不符合有关法律、法规和国家标准或者行业标准规定的安全生产条件的，不得批准或者验收通过。对未依法取得批准或者验收合格的单位擅自从事有关活动的，负责行政审批的部门发现或者接到举报后应当立即予以取缔，并依法予以处理。对已经依法取得批准的单位，负责行政审批的部门发现其不再具备安全生产条件的，应当撤销原批准。
第六十一条　负有安全生产监督管理职责的部门对涉及安全生产的事项进行审查、验收，不得收取费用；不得要求接受审查、验收的单位购买其指定品牌或者指定生产、销售单位的安全设备、器材或者其他产品。	第六十四条　负有安全生产监督管理职责的部门对涉及安全生产的事项进行审查、验收，不得收取费用；不得要求接受审查、验收的单位购买其指定品牌或者指定生产、销售单位的安全设备、器材或者其他产品。
第六十二条　**安全生产监督**管理部门和其他负有安全生产监督管理职责的部门依法开展安全生产行政执法工作，对生产经营单位执行有关安全生产的法律、法规和国家标准或者行业标准的情况进行监督检查，行使以下职权： （一）进入生产经营单位进行检查，调阅有关资料，向有关单位和人员了解情况；	第六十五条　**应急**管理部门和其他负有安全生产监督管理职责的部门依法开展安全生产行政执法工作，对生产经营单位执行有关安全生产的法律、法规和国家标准或者行业标准的情况进行监督检查，行使以下职权： （一）进入生产经营单位进行检查，调阅有关资料，向有关单位和人员了解情况；

修 改 前	现 行 法
（二）对检查中发现的安全生产违法行为，当场予以纠正或者要求限期改正；对依法应当给予行政处罚的行为，依照本法和其他有关法律、行政法规的规定作出行政处罚决定； （三）对检查中发现的事故隐患，应当责令立即排除；重大事故隐患排除前或者排除过程中无法保证安全的，应当责令从危险区域内撤出作业人员，责令暂时停产停业或者停止使用相关设施、设备；重大事故隐患排除后，经审查同意，方可恢复生产经营和使用； （四）对有根据认为不符合保障安全生产的国家标准或者行业标准的设施、设备、器材以及违法生产、储存、使用、经营、运输的危险物品予以查封或者扣押，对违法生产、储存、使用、经营危险物品的作业场所予以查封，并依法作出处理决定。 监督检查不得影响被检查单位的正常生产经营活动。	（二）对检查中发现的安全生产违法行为，当场予以纠正或者要求限期改正；对依法应当给予行政处罚的行为，依照本法和其他有关法律、行政法规的规定作出行政处罚决定； （三）对检查中发现的事故隐患，应当责令立即排除；重大事故隐患排除前或者排除过程中无法保证安全的，应当责令从危险区域内撤出作业人员，责令暂时停产停业或者停止使用相关设施、设备；重大事故隐患排除后，经审查同意，方可恢复生产经营和使用； （四）对有根据认为不符合保障安全生产的国家标准或者行业标准的设施、设备、器材以及违法生产、储存、使用、经营、运输的危险物品予以查封或者扣押，对违法生产、储存、使用、经营危险物品的作业场所予以查封，并依法作出处理决定。 监督检查不得影响被检查单位的正常生产经营活动。
第六十三条 生产经营单位对负有安全生产监督管理职责的部门的监督检查人员（以下统称安全生产监督检查人员）依法履行监督检查职责，应当予以配合，不得拒绝、阻挠。	**第六十六条** 生产经营单位对负有安全生产监督管理职责的部门的监督检查人员（以下统称安全生产监督检查人员）依法履行监督检查职责，应当予以配合，不得拒绝、阻挠。

修 改 前	现 行 法
第六十四条 安全生产监督检查人员应当忠于职守，坚持原则，秉公执法。 安全生产监督检查人员执行监督检查任务时，必须出示有效的监督执法证件；对涉及被检查单位的技术秘密和业务秘密，应当为其保密。	**第六十七条** 安全生产监督检查人员应当忠于职守，坚持原则，秉公执法。 安全生产监督检查人员执行监督检查任务时，必须出示有效的**行政**执法证件；对涉及被检查单位的技术秘密和业务秘密，应当为其保密。
第六十五条 安全生产监督检查人员应当将检查的时间、地点、内容、发现的问题及其处理情况，作出书面记录，并由检查人员和被检查单位的负责人签字；被检查单位的负责人拒绝签字的，检查人员应当将情况记录在案，并向负有安全生产监督管理职责的部门报告。	**第六十八条** 安全生产监督检查人员应当将检查的时间、地点、内容、发现的问题及其处理情况，作出书面记录，并由检查人员和被检查单位的负责人签字；被检查单位的负责人拒绝签字的，检查人员应当将情况记录在案，并向负有安全生产监督管理职责的部门报告。
第六十六条 负有安全生产监督管理职责的部门在监督检查中，应当互相配合，实行联合检查；确需分别进行检查的，应当互通情况，发现存在的安全问题应当由其他有关部门进行处理的，应当及时移送其他有关部门并形成记录备查，接受移送的部门应当及时进行处理。	**第六十九条** 负有安全生产监督管理职责的部门在监督检查中，应当互相配合，实行联合检查；确需分别进行检查的，应当互通情况，发现存在的安全问题应当由其他有关部门进行处理的，应当及时移送其他有关部门并形成记录备查，接受移送的部门应当及时进行处理。

修改前	现行法
第六十七条 负有安全生产监督管理职责的部门依法对存在重大事故隐患的生产经营单位作出停产停业、停止施工、停止使用相关设施或者设备的决定，生产经营单位应当依法执行，及时消除事故隐患。生产经营单位拒不执行，有发生生产安全事故的现实危险的，在保证安全的前提下，经本部门主要负责人批准，负有安全生产监督管理职责的部门可以采取通知有关单位停止供电、停止供应民用爆炸物品等措施，强制生产经营单位履行决定。通知应当采用书面形式，有关单位应当予以配合。 负有安全生产监督管理职责的部门依照前款规定采取停止供电措施，除有危及生产安全的紧急情形外，应当提前二十四小时通知生产经营单位。生产经营单位依法履行行政决定、采取相应措施消除事故隐患的，负有安全生产监督管理职责的部门应当及时解除前款规定的措施。	第七十条 负有安全生产监督管理职责的部门依法对存在重大事故隐患的生产经营单位作出停产停业、停止施工、停止使用相关设施或者设备的决定，生产经营单位应当依法执行，及时消除事故隐患。生产经营单位拒不执行，有发生生产安全事故的现实危险的，在保证安全的前提下，经本部门主要负责人批准，负有安全生产监督管理职责的部门可以采取通知有关单位停止供电、停止供应民用爆炸物品等措施，强制生产经营单位履行决定。通知应当采用书面形式，有关单位应当予以配合。 负有安全生产监督管理职责的部门依照前款规定采取停止供电措施，除有危及生产安全的紧急情形外，应当提前二十四小时通知生产经营单位。生产经营单位依法履行行政决定、采取相应措施消除事故隐患的，负有安全生产监督管理职责的部门应当及时解除前款规定的措施。
第六十八条 监察机关依照**行政**监察法的规定，对负有安全生产监督管理职责的部门及其工作人员履行安全生产监督管理职责实施监察。	第七十一条 监察机关依照监察法的规定，对负有安全生产监督管理职责的部门及其工作人员履行安全生产监督管理职责实施监察。

修改前	现行法
第六十九条 承担安全评价、认证、检测、检验的机构应当具备国家规定的资质条件，并对其作出的安全评价、认证、检测、检验的结果负责。	**第七十二条** 承担安全评价、认证、检测、检验**职责**的机构应当具备国家规定的资质条件，并对其作出的安全评价、认证、检测、检验结果**的合法性、真实性**负责。**资质条件由国务院应急管理部门会同国务院有关部门制定。** **承担安全评价、认证、检测、检验职责的机构应当建立并实施服务公开和报告公开制度，不得租借资质、挂靠、出具虚假报告。**
第七十条 负有安全生产监督管理职责的部门应当建立举报制度，公开举报电话、信箱或者电子邮件地址，受理有关安全生产的举报；受理的举报事项经调查核实后，应当形成书面材料；需要落实整改措施的，报经有关负责人签字并督促落实。	**第七十三条** 负有安全生产监督管理职责的部门应当建立举报制度，公开举报电话、信箱或者电子邮件地址**等网络举报平台**，受理有关安全生产的举报；受理的举报事项经调查核实后，应当形成书面材料；需要落实整改措施的，报经有关负责人签字并督促落实。**对不属于本部门职责，需要由其他有关部门进行调查处理的，转交其他有关部门处理。** **涉及人员死亡的举报事项，应当由县级以上人民政府组织核查处理。**

修改前	现行法
第七十一条 任何单位或者个人对事故隐患或者安全生产违法行为,均有权向负有安全生产监督管理职责的部门报告或者举报。	第七十四条 任何单位或者个人对事故隐患或者安全生产违法行为,均有权向负有安全生产监督管理职责的部门报告或者举报。 因安全生产违法行为造成重大事故隐患或者导致重大事故,致使国家利益或者社会公共利益受到侵害的,人民检察院可以根据民事诉讼法、行政诉讼法的相关规定提起公益诉讼。
第七十二条 居民委员会、村民委员会发现其所在区域内的生产经营单位存在事故隐患或者安全生产违法行为时,应当向当地人民政府或者有关部门报告。	第七十五条 居民委员会、村民委员会发现其所在区域内的生产经营单位存在事故隐患或者安全生产违法行为时,应当向当地人民政府或者有关部门报告。
第七十三条 县级以上各级人民政府及其有关部门对报告重大事故隐患或者举报安全生产违法行为的有功人员,给予奖励。具体奖励办法由国务院安全生产监督管理部门会同国务院财政部门制定。	第七十六条 县级以上各级人民政府及其有关部门对报告重大事故隐患或者举报安全生产违法行为的有功人员,给予奖励。具体奖励办法由国务院应急管理部门会同国务院财政部门制定。
第七十四条 新闻、出版、广播、电影、电视等单位有进行安全生产公益宣传教育的义务,有对违反安全生产法律、法规的行为进行舆论监督的权利。	第七十七条 新闻、出版、广播、电影、电视等单位有进行安全生产公益宣传教育的义务,有对违反安全生产法律、法规的行为进行舆论监督的权利。

修改前	现行法
第七十五条 负有安全生产监督管理职责的部门应当建立安全生产违法行为信息库,如实记录生产经营单位的安全生产违法行为信息;对违法行为情节严重的生产经营单位,应当向社会公告,并通报行业主管部门、投资主管部门、国土资源主管部门、证券监督管理机构以及有关金融机构。	第七十八条 负有安全生产监督管理职责的部门应当建立安全生产违法行为信息库,如实记录生产经营单位**及其有关从业人员**的安全生产违法行为信息;对违法行为情节严重的生产经营单位**及其有关从业人员**,应当**及时**向社会公告,并通报行业主管部门、投资主管部门、**自然资源主管部门**、**生态环境主管部门**、证券监督管理机构以及有关金融机构。有关部门和机构应当对存在失信行为的生产经营单位及其有关从业人员采取加大执法检查频次、暂停项目审批、上调有关保险费率、行业或者职业禁入等联合惩戒措施,并向社会公示。 负有安全生产监督管理职责的部门应当加强对生产经营单位行政处罚信息的及时归集、共享、应用和公开,对生产经营单位作出处罚决定后七个工作日内在监督管理部门公示系统予以公开曝光,强化对违法失信生产经营单位及其有关从业人员的社会监督,提高全社会安全生产诚信水平。

修 改 前	现 行 法
第五章　生产安全事故的应急救援与调查处理	第五章　生产安全事故的应急救援与调查处理
第七十六条　国家加强生产安全事故应急能力建设，在重点行业、领域建立应急救援基地和应急救援队伍，鼓励生产经营单位和其他社会力量建立应急救援队伍，配备相应的应急救援装备和物资，提高应急救援的专业化水平。 　　国务院安全生产监督管理部门建立全国统一的生产安全事故应急救援信息系统，国务院有关部门建立健全相关行业、领域的生产安全事故应急救援信息系统。	第七十九条　国家加强生产安全事故应急能力建设，在重点行业、领域建立应急救援基地和应急救援队伍，**并由国家安全生产应急救援机构统一协调指挥**；鼓励生产经营单位和其他社会力量建立应急救援队伍，配备相应的应急救援装备和物资，提高应急救援的专业化水平。 　　国务院**应急管理**部门**牵头**建立全国统一的生产安全事故应急救援信息系统，国务院**交通运输、住房和城乡建设、水利、民航等**有关部门**和县级以上地方人民政府**建立健全相关行业、领域、**地区**的生产安全事故应急救援信息系统，**实现互联互通、信息共享，通过推行网上安全信息采集、安全监管和监测预警，提升监管的精准化、智能化水平。**
第七十七条　县级以上地方各级人民政府应当组织有关部门制定本行政区域内生产安全事故应急救援预案，建立应急救援体系。	第八十条　县级以上地方各级人民政府应当组织有关部门制定本行政区域内生产安全事故应急救援预案，建立应急救援体系。 　　乡镇人民政府和街道办事处，以及开发区、工业园区、港区、风景区等应当制定相应的生

177

修 改 前	现 行 法
	产安全事故应急救援预案，协助人民政府有关部门或者按照授权依法履行生产安全事故应急救援工作职责。
第七十八条 生产经营单位应当制定本单位生产安全事故应急救援预案，与所在地县级以上地方人民政府组织制定的生产安全事故应急救援预案相衔接，并定期组织演练。	第八十一条 生产经营单位应当制定本单位生产安全事故应急救援预案，与所在地县级以上地方人民政府组织制定的生产安全事故应急救援预案相衔接，并定期组织演练。
第七十九条 危险物品的生产、经营、储存单位以及矿山、金属冶炼、城市轨道交通运营、建筑施工单位应当建立应急救援组织；生产经营规模较小的，可以不建立应急救援组织，但应当指定兼职的应急救援人员。 危险物品的生产、经营、储存、运输单位以及矿山、金属冶炼、城市轨道交通运营、建筑施工单位应当配备必要的应急救援器材、设备和物资，并进行经常性维护、保养，保证正常运转。	第八十二条 危险物品的生产、经营、储存单位以及矿山、金属冶炼、城市轨道交通运营、建筑施工单位应当建立应急救援组织；生产经营规模较小的，可以不建立应急救援组织，但应当指定兼职的应急救援人员。 危险物品的生产、经营、储存、运输单位以及矿山、金属冶炼、城市轨道交通运营、建筑施工单位应当配备必要的应急救援器材、设备和物资，并进行经常性维护、保养，保证正常运转。
第八十条 生产经营单位发生生产安全事故后，事故现场有关人员应当立即报告本单位负责人。 单位负责人接到事故报告后，应当迅速采取有效措施，组织抢救，防止事故扩大，减少人	第八十三条 生产经营单位发生生产安全事故后，事故现场有关人员应当立即报告本单位负责人。 单位负责人接到事故报告后，应当迅速采取有效措施，组织抢救，防止事故扩大，减少人

修 改 前	现 行 法
员伤亡和财产损失，并按照国家有关规定立即如实报告当地负有安全生产监督管理职责的部门，不得隐瞒不报、谎报或者迟报，不得故意破坏事故现场、毁灭有关证据。	员伤亡和财产损失，并按照国家有关规定立即如实报告当地负有安全生产监督管理职责的部门，不得隐瞒不报、谎报或者迟报，不得故意破坏事故现场、毁灭有关证据。
第八十一条　负有安全生产监督管理职责的部门接到事故报告后，应当立即按照国家有关规定上报事故情况。负有安全生产监督管理职责的部门和有关地方人民政府对事故情况不得隐瞒不报、谎报或者迟报。	第八十四条　负有安全生产监督管理职责的部门接到事故报告后，应当立即按照国家有关规定上报事故情况。负有安全生产监督管理职责的部门和有关地方人民政府对事故情况不得隐瞒不报、谎报或者迟报。
第八十二条　有关地方人民政府和负有安全生产监督管理职责的部门的负责人接到生产安全事故报告后，应当按照生产安全事故应急救援预案的要求立即赶到事故现场，组织事故抢救。 参与事故抢救的部门和单位应当服从统一指挥，加强协同联动，采取有效的应急救援措施，并根据事故救援的需要采取警戒、疏散等措施，防止事故扩大和次生灾害的发生，减少人员伤亡和财产损失。 事故抢救过程中应当采取必要措施，避免或者减少对环境造成的危害。 任何单位和个人都应当支持、配合事故抢救，并提供一切便利条件。	第八十五条　有关地方人民政府和负有安全生产监督管理职责的部门的负责人接到生产安全事故报告后，应当按照生产安全事故应急救援预案的要求立即赶到事故现场，组织事故抢救。 参与事故抢救的部门和单位应当服从统一指挥，加强协同联动，采取有效的应急救援措施，并根据事故救援的需要采取警戒、疏散等措施，防止事故扩大和次生灾害的发生，减少人员伤亡和财产损失。 事故抢救过程中应当采取必要措施，避免或者减少对环境造成的危害。 任何单位和个人都应当支持、配合事故抢救，并提供一切便利条件。

修 改 前	现 行 法
第八十三条 事故调查处理应当按照科学严谨、依法依规、实事求是、注重实效的原则，及时、准确地查清事故原因，查明事故性质和责任，总结事故教训，提出整改措施，并对事故责任**者**提出处理**意见**。事故调查报告应当依法及时向社会公布。事故调查和处理的具体办法由国务院制定。 事故发生单位应当及时全面落实整改措施，负有安全生产监督管理职责的部门应当加强监督检查。	第八十六条 事故调查处理应当按照科学严谨、依法依规、实事求是、注重实效的原则，及时、准确地查清事故原因，查明事故性质和责任，**评估应急处置工作**，总结事故教训，提出整改措施，并对事故责任**单位和人员**提出处理**建议**。事故调查报告应当依法及时向社会公布。事故调查和处理的具体办法由国务院制定。 事故发生单位应当及时全面落实整改措施，负有安全生产监督管理职责的部门应当加强监督检查。 **负责事故调查处理的国务院有关部门和地方人民政府应当在批复事故调查报告后一年内，组织有关部门对事故整改和防范措施落实情况进行评估，并及时向社会公开评估结果；对不履行职责导致事故整改和防范措施没有落实的有关单位和人员，应当按照有关规定追究责任。**
第八十四条 生产经营单位发生生产安全事故，经调查确定为责任事故的，除了应当查明事故单位的责任并依法予以追究外，还应当查明对安全生产的有关事项负有审查批准和监督职责的行政部门的责任，对有失职、渎职行为的，依照本法第**八十七**条的规定追究法律责任。	第八十七条 生产经营单位发生生产安全事故，经调查确定为责任事故的，除了应当查明事故单位的责任并依法予以追究外，还应当查明对安全生产的有关事项负有审查批准和监督职责的行政部门的责任，对有失职、渎职行为的，依照本法第**九十**条的规定追究法律责任。

修 改 前	现 行 法
第八十五条　任何单位和个人不得阻挠和干涉对事故的依法调查处理。	第八十八条　任何单位和个人不得阻挠和干涉对事故的依法调查处理。
第八十六条　县级以上地方各级人民政府**安全生产监督**管理部门应当定期统计分析本行政区域内发生生产安全事故的情况，并定期向社会公布。	第八十九条　县级以上地方各级人民政府**应急**管理部门应当定期统计分析本行政区域内发生生产安全事故的情况，并定期向社会公布。
第六章　法律责任	第六章　法律责任
第八十七条　负有安全生产监督管理职责的部门的工作人员，有下列行为之一的，给予降级或者撤职的处分；构成犯罪的，依照刑法有关规定追究刑事责任： （一）对不符合法定安全生产条件的涉及安全生产的事项予以批准或者验收通过的； （二）发现未依法取得批准、验收的单位擅自从事有关活动或者接到举报后不予取缔或者不依法予以处理的； （三）对已经依法取得批准的单位不履行监督管理职责，发现其不再具备安全生产条件而不撤销原批准或者发现安全生产违法行为不予查处的； （四）在监督检查中发现重大事故隐患，不依法及时处理的。	第九十条　负有安全生产监督管理职责的部门的工作人员，有下列行为之一的，给予降级或者撤职的处分；构成犯罪的，依照刑法有关规定追究刑事责任： （一）对不符合法定安全生产条件的涉及安全生产的事项予以批准或者验收通过的； （二）发现未依法取得批准、验收的单位擅自从事有关活动或者接到举报后不予取缔或者不依法予以处理的； （三）对已经依法取得批准的单位不履行监督管理职责，发现其不再具备安全生产条件而不撤销原批准或者发现安全生产违法行为不予查处的； （四）在监督检查中发现重大事故隐患，不依法及时处理的。

修 改 前	现 行 法
负有安全生产监督管理职责的部门的工作人员有前款规定以外的滥用职权、玩忽职守、徇私舞弊行为的,依法给予处分;构成犯罪的,依照刑法有关规定追究刑事责任。	负有安全生产监督管理职责的部门的工作人员有前款规定以外的滥用职权、玩忽职守、徇私舞弊行为的,依法给予处分;构成犯罪的,依照刑法有关规定追究刑事责任。
第八十八条 负有安全生产监督管理职责的部门,要求被审查、验收的单位购买其指定的安全设备、器材或者其他产品的,在对安全生产事项的审查、验收中收取费用的,由其上级机关或者监察机关责令改正,责令退还收取的费用;情节严重的,对直接负责的主管人员和其他直接责任人员依法给予处分。	**第九十一条** 负有安全生产监督管理职责的部门,要求被审查、验收的单位购买其指定的安全设备、器材或者其他产品的,在对安全生产事项的审查、验收中收取费用的,由其上级机关或者监察机关责令改正,责令退还收取的费用;情节严重的,对直接负责的主管人员和其他直接责任人员依法给予处分。
第八十九条 承担安全评价、认证、检测、检验**工作**的机构,出具虚假**证明**的,没收违法所得;违法所得在十万元以上的,并处违法所得二倍以上五倍以下的罚款;没有违法所得或者违法所得不足十万元的,单处或者并处十万元以上二十万元以下的罚款;对其直接负责的主管人员和其他直接责任人员处**二**万元以上**五**万元以下的罚款;给他人造成损害的,与生产经营单位承担连带赔偿责任;构成犯罪的,依照刑法有关规定追究刑事责任。	**第九十二条** 承担安全评价、认证、检测、检验职责的机构出具失实报告的,责令停业整顿,并处三万元以上十万元以下的罚款;给他人造成损害的,依法承担赔偿责任。 承担安全评价、认证、检测、检验**职责**的机构**租借资质、挂靠**、出具虚假**报告**的,没收违法所得;违法所得在十万元以上的,并处违法所得二倍以上五倍以下的罚款,没有违法所得或者违法所得不足十万元的,单处或者并处十万元以上二十万元以下

修 改 前	现 行 法
对有前款违法行为的机构，吊销其相应资质。	的罚款；对其直接负责的主管人员和其他直接责任人员处**五万元以上十万元以下的罚款；给他人造成损害的，与生产经营单位承担连带赔偿责任；构成犯罪的，依照刑法有关规定追究刑事责任。** 　　对有前款违法行为的机构**及其直接责任人员**，吊销其相应资质**和资格，五年内不得从事安全评价、认证、检测、检验等工作；情节严重的，实行终身行业和职业禁入**。
第九十条　生产经营单位的决策机构、主要负责人或者个人经营的投资人不依照本法规定保证安全生产所必需的资金投入，致使生产经营单位不具备安全生产条件的，责令限期改正，提供必需的资金；逾期未改正的，责令生产经营单位停产停业整顿。 　　有前款违法行为，导致发生生产安全事故的，对生产经营单位的主要负责人给予撤职处分，对个人经营的投资人处二万元以上二十万元以下的罚款；构成犯罪的，依照刑法有关规定追究刑事责任。	**第九十三条**　生产经营单位的决策机构、主要负责人或者个人经营的投资人不依照本法规定保证安全生产所必需的资金投入，致使生产经营单位不具备安全生产条件的，责令限期改正，提供必需的资金；逾期未改正的，责令生产经营单位停产停业整顿。 　　有前款违法行为，导致发生生产安全事故的，对生产经营单位的主要负责人给予撤职处分，对个人经营的投资人处二万元以上二十万元以下的罚款；构成犯罪的，依照刑法有关规定追究刑事责任。

修 改 前	现 行 法
第九十一条 生产经营单位的主要负责人未履行本法规定的安全生产管理职责的,责令限期改正;逾期未改正的,处二万元以上五万元以下的罚款,责令生产经营单位停产停业整顿。 生产经营单位的主要负责人有前款违法行为,导致发生生产安全事故的,给予撤职处分;构成犯罪的,依照刑法有关规定追究刑事责任。 生产经营单位的主要负责人依照前款规定受刑事处罚或者撤职处分的,自刑罚执行完毕或者受处分之日起,五年内不得担任何生产经营单位的主要负责人;对重大、特别重大生产安全事故负有责任的,终身不得担任本行业生产经营单位的主要负责人。	**第九十四条** 生产经营单位的主要负责人未履行本法规定的安全生产管理职责的,责令限期改正,**处二万元以上五万元以下的罚款**;逾期未改正的,处五万元以上十万元以下的罚款,责令生产经营单位停产停业整顿。 生产经营单位的主要负责人有前款违法行为,导致发生生产安全事故的,给予撤职处分;构成犯罪的,依照刑法有关规定追究刑事责任。 生产经营单位的主要负责人依照前款规定受刑事处罚或者撤职处分的,自刑罚执行完毕或者受处分之日起,五年内不得担任何生产经营单位的主要负责人;对重大、特别重大生产安全事故负有责任的,终身不得担任本行业生产经营单位的主要负责人。
第九十二条 生产经营单位的主要负责人未履行本法规定的安全生产管理职责,导致发生生产安全事故的,由**安全生产监督**管理部门依照下列规定处以罚款: (一)发生一般事故的,处上一年年收入百分之三十的罚款; (二)发生较大事故的,处上一年年收入百分之四十的罚款; (三)发生重大事故的,处上一年年收入百分之六十的罚款;	**第九十五条** 生产经营单位的主要负责人未履行本法规定的安全生产管理职责,导致发生生产安全事故的,由**应急管理部门**依照下列规定处以罚款: (一)发生一般事故的,处上一年年收入百分之四十的罚款; (二)发生较大事故的,处上一年年收入百分之六十的罚款; (三)发生重大事故的,处上一年年收入百分之八十的罚款;

修 改 前	现 行 法
（四）发生特别重大事故的，处上一年年收入百分之八十的罚款。	（四）发生特别重大事故的，处上一年年收入百分之一百的罚款。
第九十三条　生产经营单位的安全生产管理人员未履行本法规定的安全生产管理职责的，责令限期改正；导致发生生产安全事故的，暂停或者撤销其与安全生产有关的资格；构成犯罪的，依照刑法有关规定追究刑事责任。	第九十六条　生产经营单位的**其他负责人**和安全生产管理人员未履行本法规定的安全生产管理职责的，责令限期改正，**处一万元以上三万元以下的罚款**；导致发生生产安全事故的，暂停或者**吊**销其与安全生产有关的资格，**并处上一年年收入百分之二十以上百分之五十以下的罚款**；构成犯罪的，依照刑法有关规定追究刑事责任。
第九十四条　生产经营单位有下列行为之一的，责令限期改正，可以处五万元以下的罚款；逾期未改正的，责令停产停业整顿，并处五万元以上十万元以下的罚款，对其直接负责的主管人员和其他直接责任人员处一万元以上二万元以下的罚款： （一）未按照规定设置安全生产管理机构或者配备安全生产管理人员的； （二）危险物品的生产、经营、储存单位以及矿山、金属冶炼、建筑施工、道路运输单位的主要负责人和安全生产管理人员未按照规定经考核合格的；	第九十七条　生产经营单位有下列行为之一的，责令限期改正，处十万元以下的罚款；逾期未改正的，责令停产停业整顿，并处十万元以上二十万元以下的罚款，对其直接负责的主管人员和其他直接责任人员处二万元以上五万元以下的罚款： （一）未按照规定设置安全生产管理机构或者配备安全生产管理人员、**注册安全工程师**的； （二）危险物品的生产、经营、储存、**装卸**单位以及矿山、金属冶炼、建筑施工、运输单位的主要负责人和安全生产管理人员未按照规定经考核合格的；

修改前	现行法
（三）未按照规定对从业人员、被派遣劳动者、实习学生进行安全生产教育和培训，或者未按照规定如实告知有关的安全生产事项的； （四）未如实记录安全生产教育和培训情况的； （五）未将事故隐患排查治理情况如实记录或者未向从业人员通报的； （六）未按照规定制定生产安全事故应急救援预案或者未定期组织演练的； （七）特种作业人员未按照规定经专门的安全作业培训并取得相应资格，上岗作业的。	（三）未按照规定对从业人员、被派遣劳动者、实习学生进行安全生产教育和培训，或者未按照规定如实告知有关的安全生产事项的； （四）未如实记录安全生产教育和培训情况的； （五）未将事故隐患排查治理情况如实记录或者未向从业人员通报的； （六）未按照规定制定生产安全事故应急救援预案或者未定期组织演练的； （七）特种作业人员未按照规定经专门的安全作业培训并取得相应资格，上岗作业的。
第九十五条 生产经营单位有下列行为之一的，责令停止建设或者停产停业整顿，限期改正；逾期未改正的，处五十万元以上一百万元以下的罚款，对其直接负责的主管人员和其他直接责任人员处**二**万元以上**五**万元以下的罚款；构成犯罪的，依照刑法有关规定追究刑事责任： （一）未按照规定对矿山、金属冶炼建设项目或者用于生产、储存、装卸危险物品的建设项目进行安全评价的； （二）矿山、金属冶炼建设项目或者用于生产、储存、装卸	第九十八条 生产经营单位有下列行为之一的，责令停止建设或者停产停业整顿，限期改正，**并处十万元以上五十万元以下的罚款，对其直接负责的主管人员和其他直接责任人员处二万元以上五万元以下的罚款**；逾期未改正的，处五十万元以上一百万元以下的罚款，对其直接负责的主管人员和其他直接责任人员处**五**万元以上**十**万元以下的罚款；构成犯罪的，依照刑法有关规定追究刑事责任： （一）未按照规定对矿山、金属冶炼建设项目或者用于生

修 改 前	现 行 法
危险物品的建设项目没有安全设施设计或者安全设施设计未按照规定报经有关部门审查同意的； （三）矿山、金属冶炼建设项目或者用于生产、储存、装卸危险物品的建设项目的施工单位未按照批准的安全设施设计施工的； （四）矿山、金属冶炼建设项目或者用于生产、储存危险物品的建设项目竣工投入生产或者使用前，安全设施未经验收合格的。	产、储存、装卸危险物品的建设项目进行安全评价的； （二）矿山、金属冶炼建设项目或者用于生产、储存、装卸危险物品的建设项目没有安全设施设计或者安全设施设计未按照规定报经有关部门审查同意的； （三）矿山、金属冶炼建设项目或者用于生产、储存、装卸危险物品的建设项目的施工单位未按照批准的安全设施设计施工的； （四）矿山、金属冶炼建设项目或者用于生产、储存、**装卸**危险物品的建设项目竣工投入生产或者使用前，安全设施未经验收合格的。
第九十六条 生产经营单位有下列行为之一的，责令限期改正，可以处五万元以下的罚款；逾期未改正的，处五万元以上二十万元以下的罚款，对其直接负责的主管人员和其他直接责任人员处一万元以上二万元以下的罚款；情节严重的，责令停产停业整顿；构成犯罪的，依照刑法有关规定追究刑事责任： （一）未在有较大危险因素的生产经营场所和有关设施、设备上设置明显的安全警示标志的；	第九十九条 生产经营单位有下列行为之一的，责令限期改正，处五万元以下的罚款；逾期未改正的，处五万元以上二十万元以下的罚款，对其直接负责的主管人员和其他直接责任人员处一万元以上二万元以下的罚款；情节严重的，责令停产停业整顿；构成犯罪的，依照刑法有关规定追究刑事责任： （一）未在有较大危险因素的生产经营场所和有关设施、设备上设置明显的安全警示标志的；

修改前	现行法
（二）安全设备的安装、使用、检测、改造和报废不符合国家标准或者行业标准的； （三）未对安全设备进行经常性维护、保养和定期检测的； （四）未为从业人员提供符合国家标准或者行业标准的劳动防护用品的； （五）危险物品的容器、运输工具，以及涉及人身安全、危险性较大的海洋石油开采特种设备和矿山井下特种设备未经具有专业资质的机构检测、检验合格，取得安全使用证或者安全标志，投入使用的； （六）使用应当淘汰的危及生产安全的工艺、设备的。	（二）安全设备的安装、使用、检测、改造和报废不符合国家标准或者行业标准的； （三）未对安全设备进行经常性维护、保养和定期检测的； **（四）关闭、破坏直接关系生产安全的监控、报警、防护、救生设备、设施，或者篡改、隐瞒、销毁其相关数据、信息的；** （五）未为从业人员提供符合国家标准或者行业标准的劳动防护用品的； （六）危险物品的容器、运输工具，以及涉及人身安全、危险性较大的海洋石油开采特种设备和矿山井下特种设备未经具有专业资质的机构检测、检验合格，取得安全使用证或者安全标志，投入使用的； （七）使用应当淘汰的危及生产安全的工艺、设备的； **（八）餐饮等行业的生产经营单位使用燃气未安装可燃气体报警装置的。**
第九十七条 未经依法批准，擅自生产、经营、运输、储存、使用危险物品或者处置废弃危险物品的，依照有关危险物品安全管理的法律、行政法规的规定予以处罚；构成犯罪的，依照刑法有关规定追究刑事责任。	**第一百条** 未经依法批准，擅自生产、经营、运输、储存、使用危险物品或者处置废弃危险物品的，依照有关危险物品安全管理的法律、行政法规的规定予以处罚；构成犯罪的，依照刑法有关规定追究刑事责任。

修 改 前	现 行 法
第九十八条 生产经营单位有下列行为之一的，责令限期改正，可以处十万元以下的罚款；逾期未改正的，责令停产停业整顿，并处十万元以上二十万元以下的罚款，对其直接负责的主管人员和其他直接责任人员处二万元以上五万元以下的罚款；构成犯罪的，依照刑法有关规定追究刑事责任： （一）生产、经营、运输、储存、使用危险物品或者处置废弃危险物品，未建立专门安全管理制度、未采取可靠的安全措施的； （二）对重大危险源未登记建档，或未进行评估、监控，或未制定应急预案的； （三）进行爆破、吊装以及国务院安全生产监督管理部门会同国务院有关部门规定的其他危险作业，未安排专门人员进行现场安全管理的； （四）未建立事故隐患排查治理制度的。	第一百零一条 生产经营单位有下列行为之一的，责令限期改正，处十万元以下的罚款；逾期未改正的，责令停产停业整顿，并处十万元以上二十万元以下的罚款，对其直接负责的主管人员和其他直接责任人员处二万元以上五万元以下的罚款；构成犯罪的，依照刑法有关规定追究刑事责任： （一）生产、经营、运输、储存、使用危险物品或者处置废弃危险物品，未建立专门安全管理制度、未采取可靠的安全措施的； （二）对重大危险源未登记建档，未进行**定期检测**、评估、监控，未制定应急预案，**或者未告知应急措施**的； （三）进行爆破、吊装、**动火、临时用电**以及国务院应急管理部门会同国务院有关部门规定的其他危险作业，未安排专门人员进行现场安全管理的； （四）**未建立安全风险分级管控制度或者未按照安全风险分级采取相应管控措施的**； （五）未建立事故隐患排查治理制度，**或者重大事故隐患排查治理情况未按照规定报告**的。

修 改 前	现 行 法
第九十九条　生产经营单位未采取措施消除事故隐患的，责令立即消除或者限期消除；生产经营单位拒不执行的，责令停产停业整顿，并处十万元以上五十万元以下的罚款，对其直接负责的主管人员和其他直接责任人员处二万元以上五万元以下的罚款。	第一百零二条　生产经营单位未采取措施消除事故隐患的，责令立即消除或者限期消除，**处五万元以下的罚款**；生产经营单位拒不执行的，责令停产停业整顿，对其直接负责的主管人员和其他直接责任人员处五万元以上十万元以下的罚款；**构成犯罪的，依照刑法有关规定追究刑事责任。**
第一百条　生产经营单位将生产经营项目、场所、设备发包或者出租给不具备安全生产条件或者相应资质的单位或者个人的，责令限期改正，没收违法所得；违法所得十万元以上的，并处违法所得二倍以上五倍以下的罚款；没有违法所得或者违法所得不足十万元的，单处或者并处十万元以上二十万元以下的罚款；对其直接负责的主管人员和其他直接责任人员处一万元以上二万元以下的罚款；导致发生生产安全事故给他人造成损害的，与承包方、承租方承担连带赔偿责任。 生产经营单位未与承包单位、承租单位签订专门的安全生产管理协议或者未在承包合同、租赁合同中明确各自的安全生产管理职责，或者未对承包单位、	第一百零三条　生产经营单位将生产经营项目、场所、设备发包或者出租给不具备安全生产条件或者相应资质的单位或者个人的，责令限期改正，没收违法所得；违法所得十万元以上的，并处违法所得二倍以上五倍以下的罚款；没有违法所得或者违法所得不足十万元的，单处或者并处十万元以上二十万元以下的罚款；对其直接负责的主管人员和其他直接责任人员处一万元以上二万元以下的罚款；导致发生生产安全事故给他人造成损害的，与承包方、承租方承担连带赔偿责任。 生产经营单位未与承包单位、承租单位签订专门的安全生产管理协议或者未在承包合同、租赁合同中明确各自的安全生产管理职责，或者未对承包单位、

修 改 前	现 行 法
承租单位的安全生产统一协调、管理的,责令限期改正,可以处五万元以下的罚款,对其直接负责的主管人员和其他直接责任人员可以处一万元以下的罚款;逾期未改正的,责令停产停业整顿。	承租单位的安全生产统一协调、管理的,责令限期改正,处五万元以下的罚款,对其直接负责的主管人员和其他直接责任人员处一万元以下的罚款;逾期未改正的,责令停产停业整顿。 　　矿山、金属冶炼建设项目和用于生产、储存、装卸危险物品的建设项目的施工单位未按照规定对施工项目进行安全管理的,责令限期改正,处十万元以下的罚款,对其直接负责的主管人员和其他直接责任人员处二万元以下的罚款;逾期未改正的,责令停产停业整顿。以上施工单位倒卖、出租、出借、挂靠或者以其他形式非法转让施工资质的,责令停产停业整顿,吊销资质证书,没收违法所得;违法所得十万元以上的,并处违法所得二倍以上五倍以下的罚款,没有违法所得或者违法所得不足十万元的,单处或者并处十万元以上二十万元以下的罚款;对其直接负责的主管人员和其他直接责任人员处五万元以上十万元以下的罚款;构成犯罪的,依照刑法有关规定追究刑事责任。

修 改 前	现 行 法
第一百零一条 两个以上生产经营单位在同一作业区域内进行可能危及对方安全生产的生产经营活动，未签订安全生产管理协议或者未指定专职安全生产管理人员进行安全检查与协调的，责令限期改正，可以处五万元以下的罚款，对其直接负责的主管人员和其他直接责任人员可以处一万元以下的罚款；逾期未改正的，责令停产停业。	第一百零四条 两个以上生产经营单位在同一作业区域内进行可能危及对方安全生产的生产经营活动，未签订安全生产管理协议或者未指定专职安全生产管理人员进行安全检查与协调的，责令限期改正，处五万元以下的罚款，对其直接负责的主管人员和其他直接责任人员处一万元以下的罚款；逾期未改正的，责令停产停业。
第一百零二条 生产经营单位有下列行为之一的，责令限期改正，可以处五万元以下的罚款，对其直接负责的主管人员和其他直接责任人员可以处一万元以下的罚款；逾期未改正的，责令停产停业整顿；构成犯罪的，依照刑法有关规定追究刑事责任： （一）生产、经营、储存、使用危险物品的车间、商店、仓库与员工宿舍在同一座建筑内，或者与员工宿舍的距离不符合安全要求的； （二）生产经营场所和员工宿舍未设有符合紧急疏散需要、标志明显、保持畅通的出口，或者锁闭、封堵生产经营场所或者员工宿舍出口的。	第一百零五条 生产经营单位有下列行为之一的，责令限期改正，处五万元以下的罚款，对其直接负责的主管人员和其他直接责任人员处一万元以下的罚款；逾期未改正的，责令停产停业整顿；构成犯罪的，依照刑法有关规定追究刑事责任： （一）生产、经营、储存、使用危险物品的车间、商店、仓库与员工宿舍在同一座建筑内，或者与员工宿舍的距离不符合安全要求的； （二）生产经营场所和员工宿舍未设有符合紧急疏散需要、标志明显、保持畅通的出口、**疏散通道**，或者**占用**、锁闭、封堵生产经营场所或者员工宿舍出口、**疏散通道**的。

修 改 前	现 行 法
第一百零三条　生产经营单位与从业人员订立协议，免除或者减轻其对从业人员因生产安全事故伤亡依法应承担的责任的，该协议无效；对生产经营单位的主要负责人、个人经营的投资人处二万元以上十万元以下的罚款。	第一百零六条　生产经营单位与从业人员订立协议，免除或者减轻其对从业人员因生产安全事故伤亡依法应承担的责任的，该协议无效；对生产经营单位的主要负责人、个人经营的投资人处二万元以上十万元以下的罚款。
第一百零四条　生产经营单位的从业人员不服从管理，违反安全生产规章制度或者操作规程的，由生产经营单位给予批评教育，依照有关规章制度给予处分；构成犯罪的，依照刑法有关规定追究刑事责任。	第一百零七条　生产经营单位的从业人员**不落实岗位安全责任**，不服从管理，违反安全生产规章制度或者操作规程的，由生产经营单位给予批评教育，依照有关规章制度给予处分；构成犯罪的，依照刑法有关规定追究刑事责任。
第一百零五条　违反本法规定，生产经营单位拒绝、阻碍负有安全生产监督管理职责的部门依法实施监督检查的，责令改正；拒不改正的，处二万元以上二十万元以下的罚款；对其直接负责的主管人员和其他直接责任人员处一万元以上二万元以下的罚款；构成犯罪的，依照刑法有关规定追究刑事责任。	第一百零八条　违反本法规定，生产经营单位拒绝、阻碍负有安全生产监督管理职责的部门依法实施监督检查的，责令改正；拒不改正的，处二万元以上二十万元以下的罚款；对其直接负责的主管人员和其他直接责任人员处一万元以上二万元以下的罚款；构成犯罪的，依照刑法有关规定追究刑事责任。

修 改 前	现 行 法
	第一百零九条　高危行业、领域的生产经营单位未按照国家规定投保安全生产责任保险的，责令限期改正，处五万元以上十万元以下的罚款；逾期未改正的，处十万元以上二十万元以下的罚款。
第一百零六条　生产经营单位的主要负责人在本单位发生生产安全事故时，不立即组织抢救或者在事故调查处理期间擅离职守或者逃匿的，给予降级、撤职的处分，并由安全生产监督管理部门处上一年年收入百分之六十至百分之一百的罚款；对逃匿的处十五日以下拘留；构成犯罪的，依照刑法有关规定追究刑事责任。 生产经营单位的主要负责人对生产安全事故隐瞒不报、谎报或者迟报的，依照前款规定处罚。	第一百一十条　生产经营单位的主要负责人在本单位发生生产安全事故时，不立即组织抢救或者在事故调查处理期间擅离职守或者逃匿的，给予降级、撤职的处分，并由应急管理部门处上一年年收入百分之六十至百分之一百的罚款；对逃匿的处十五日以下拘留；构成犯罪的，依照刑法有关规定追究刑事责任。 生产经营单位的主要负责人对生产安全事故隐瞒不报、谎报或者迟报的，依照前款规定处罚。
第一百零七条　有关地方人民政府、负有安全生产监督管理职责的部门，对生产安全事故隐瞒不报、谎报或者迟报的，对直接负责的主管人员和其他直接责任人员依法给予处分；构成犯罪的，依照刑法有关规定追究刑事责任。	第一百一十一条　有关地方人民政府、负有安全生产监督管理职责的部门，对生产安全事故隐瞒不报、谎报或者迟报的，对直接负责的主管人员和其他直接责任人员依法给予处分；构成犯罪的，依照刑法有关规定追究刑事责任。

修 改 前	现 行 法
	第一百一十二条　生产经营单位违反本法规定，被责令改正且受到罚款处罚，拒不改正的，负有安全生产监督管理职责的部门可以自作出责令改正之日的次日起，按照原处罚数额按日连续处罚。
第一百零八条　生产经营单位不具备本法和其他有关法律、行政法规和国家标准或者行业标准规定的安全生产条件，经停产停业整顿仍不具备安全生产条件的，予以关闭；有关部门应当依法吊销其有关证照。	第一百一十三条　生产经营单位存在下列情形之一的，负有安全生产监督管理职责的部门应当提请地方人民政府予以关闭，有关部门应当依法吊销其有关证照。生产经营单位主要负责人五年内不得担任任何生产经营单位的主要负责人；情节严重的，终身不得担任本行业生产经营单位的主要负责人： （一）存在重大事故隐患，一百八十日内三次或者一年内四次受到本法规定的行政处罚的； （二）经停产停业整顿，仍不具备法律、行政法规和国家标准或者行业标准规定的安全生产条件的； （三）不具备法律、行政法规和国家标准或者行业标准规定的安全生产条件，导致发生重大、特别重大生产安全事故的； （四）拒不执行负有安全生产监督管理职责的部门作出的停产停业整顿决定的。

修改前	现行法
第一百零九条　发生生产安全事故，对负有责任的生产经营单位除要求其依法承担相应的赔偿等责任外，由安全生产监督管理部门依照下列规定处以罚款： （一）发生一般事故的，处二十万元以上五十万元以下的罚款； （二）发生较大事故的，处五十万元以上一百万元以下的罚款； （三）发生重大事故的，处一百万元以上五百万元以下的罚款； （四）发生特别重大事故的，处五百万元以上一千万元以下的罚款；情节特别严重的，处一千万元以上二千万元以下的罚款。	第一百一十四条　发生生产安全事故，对负有责任的生产经营单位除要求其依法承担相应的赔偿等责任外，由应急管理部门依照下列规定处以罚款： （一）发生一般事故的，处三十万元以上一百万元以下的罚款； （二）发生较大事故的，处一百万元以上二百万元以下的罚款； （三）发生重大事故的，处二百万元以上一千万元以下的罚款； （四）发生特别重大事故的，处一千万元以上二千万元以下的罚款。 发生生产安全事故，情节特别严重、影响特别恶劣的，应急管理部门可以按照前款罚款数额的二倍以上五倍以下对负有责任的生产经营单位处以罚款。
第一百一十条　本法规定的行政处罚，由安全生产监督管理部门和其他负有安全生产监督管理职责的部门按照职责分工决定。予以关闭的行政处罚由负有安全生产监督管理职责的部门报请县级以上人民政府按照国务院规定的权限决定；给予拘留的行政处罚由公安机关依照治安管理处罚法的规定决定。	第一百一十五条　本法规定的行政处罚，由应急管理部门和其他负有安全生产监督管理职责的部门按照职责分工决定；其中，根据本法第九十五条、第一百一十条、第一百一十四条的规定应当给予民航、铁路、电力行业的生产经营单位及其主要负责人行政处罚的，也可以由主管的负有安全生产监督管理职责的部

修 改 前	现 行 法
	门进行处罚。予以关闭的行政处罚，由负有安全生产监督管理职责的部门报请县级以上人民政府按照国务院规定的权限决定；给予拘留的行政处罚，由公安机关依照治安管理处罚的规定决定。
第一百一十一条 生产经营单位发生生产安全事故造成人员伤亡、他人财产损失的，应当依法承担赔偿责任；拒不承担或者其负责人逃匿的，由人民法院依法强制执行。 生产安全事故的责任人未依法承担赔偿责任，经人民法院依法采取执行措施后，仍不能对受害人给予足额赔偿的，应当继续履行赔偿义务；受害人发现责任人有其他财产的，可以随时请求人民法院执行。	第一百一十六条 生产经营单位发生生产安全事故造成人员伤亡、他人财产损失的，应当依法承担赔偿责任；拒不承担或者其负责人逃匿的，由人民法院依法强制执行。 生产安全事故的责任人未依法承担赔偿责任，经人民法院依法采取执行措施后，仍不能对受害人给予足额赔偿的，应当继续履行赔偿义务；受害人发现责任人有其他财产的，可以随时请求人民法院执行。
第七章 附 则	第七章 附 则
第一百一十二条 本法下列用语的含义： 危险物品，是指易燃易爆物品、危险化学品、放射性物品等能够危及人身安全和财产安全的物品。 重大危险源，是指长期地或者临时地生产、搬运、使用或者储存危险物品，且危险物品的数量等于或者超过临界量的单元（包括场所和设施）。	第一百一十七条 本法下列用语的含义： 危险物品，是指易燃易爆物品、危险化学品、放射性物品等能够危及人身安全和财产安全的物品。 重大危险源，是指长期地或者临时地生产、搬运、使用或者储存危险物品，且危险物品的数量等于或者超过临界量的单元（包括场所和设施）。

修改前	现行法
第一百一十三条 本法规定的生产安全一般事故、较大事故、重大事故、特别重大事故的划分标准由国务院规定。 国务院<u>安全生产监督</u>管理部门和其他负有安全生产监督管理职责的部门应当根据各自的职责分工，制定相关行业、领域重大事故隐患的判定标准。	第一百一十八条 本法规定的生产安全一般事故、较大事故、重大事故、特别重大事故的划分标准由国务院规定。 国务院**应急**管理部门和其他负有安全生产监督管理职责的部门应当根据各自的职责分工，制定相关行业、领域**重大危险源的辨识**标准和重大事故隐患的判定标准。
第一百一十四条 本法自 2002 年 11 月 1 日起施行。	第一百一十九条 本法自 2002 年 11 月 1 日起施行。